數學素養
題型 七上

由貼近生活的科普文章轉化成數學題組
符合108課綱精神的數學素養學習教材

數感實驗室／編著

MATHEMATICAL
LITERACY

數感實驗室
NUMERACY LAB

Foreword

推薦序

111 年是 108 課綱學生會考的第一年，非選擇題的評閱有一項重要改變，就是非選擇題閱卷評分著重在策略、推理並恰當表達解題過程，強調學生要能運用數學能力與情境結合。學生是否能分析問題情境，再轉化出數學概念，並詮釋結論，都是非常重要的能力。

《數學素養題型》除了配合課本各章節有學習重點回顧、數學知識檢核題與歷屆會考試題外，其中我在課堂上最喜歡搭配使用的，就是數感實驗室團隊精心設計的生活情境問題。每一小題環環相扣，不僅給學生思考的鷹架，只要輕鬆跟著題目思考，就能想出答案，並且練習說明或解釋結論，這些歷程都是培養學生在會考非選擇題作答時的重要能力。

本書以輕鬆易懂的方式解釋了許多數學概念，並以有趣的方式呈現出來。除此之外，問題探索情境融合不同領域議題，像是毅力號彩蛋讓學生發現太空中也存在數學，這些豐富的元素，都讓學生在解題過程中，潛移默化學到更多不同知識。將 CT 值的奧秘、13 月亮曆、疫苗保護力等生活時事入題的這些題目，與其說是題組，不如說是學生能簡單輕鬆閱讀的一篇篇科普文章知識，邊看邊引導學生思考，真是一舉數得，看得出來數感實驗室團隊出題目時的企圖與選材的用心， 真心推薦是一本不能錯過的獨特題本。

高雄市楠梓國中
高雄國教輔導團數學領域專輔

顏敏姿

Letter from the Editor-in-Chief

編者的話

各位老師、同學、家長好：

數感實驗室創立迄今，累積了逾千則的生活數學內容，在網路上集結了超過十萬的數學愛好者。我們用數學分析生活、時事、新聞，想讓更多人知道數學有多好玩、多實用。

新課綱的重點「數學素養」強調與情境結合，培養學生活用數學的能力，而非僅止於精熟計算。從 107 年起，連續幾年的國中數學會考中，生活情境題更占了一半左右。這樣的教育改革方向，與我們團隊所強調的「數感」不謀而合──

數感：察覺生活中的數學，用數學解決生活中的問題

因為教學端、考試端的重視，近年來我們受邀到許多學校、縣市輔導團舉辦素養題工作坊，協助教師命題，也與各大出版社合作，參與了國小、國中、高中職義務教育全年段的課本編寫任務。

此次，我們集結了來自第一線的老師、前心測中心的數學研究員，並

邀請數學系教授擔任顧問，投入大量的心力時間，將眾多生活數學內容轉編成一系列的《數學素養題型》，目前已有多所學校採用。

書中的每道題組，皆由循序漸進的多個探究式子題組成，子題有選擇題，也有比照會考的非選擇題。搭配豐富的影音文字延伸學習資料，以及完善的影音詳解，《數學素養題型》可以作為老師在課堂上的教材，也可以作為學生自學的好幫手。

我們期許《數學素養題型》不僅能對同學短期的課業、升學有幫助，而是要產生對就業、人生有益的長遠幫助。2019 年美國就業網站 CareerCast 公布的全美最佳職業排行，前十名有六種職業需要高度的活用數學能力，例如資料科學家、精算師等。畢竟，科技與數據的時代，數學已經成為各行各業的專家語言。許多研究更指出，數感好的人在理財、健康等人生重要面向中表現都比較好。若能真的學會數學，具備數學素養，相信絕對是終生受益的能力。

培養數感不像學一道公式，花幾堂課或練習幾次即可。它是一種思考方式，一種重新看待數學的視角。但培養數感也不需要狂刷大量題目。說到底，數學本來就不是靠著以量取勝就能學好的知識。

數學強調的是想得深入，想得清楚。

翻開《數學素養題型》，每週找一個時間，寫一道題組，讀相關學習延伸，看影音詳解。可以是同學自己在家練習，也可以是老師在課堂上帶著大家一起討論。如同養成習慣一樣，相信半年、一年下來，可以看見顯著的成效。

讓數學變得好用、好學、好玩

這是數感實驗室的理念，也是我們編寫《數學素養題型》的精神。

主編 賴以威

數學素養題型說明

緣由

108 學年度新課綱的「素養導向」是教學的一大議題：如何讓學生察覺生活中的數學，如何評量數學素養呢？數感實驗室研發了一系列符合 108 課綱精神的數學素養學習教材、生活數學題組，希望能幫助教師、家長、學生一起提升數學素養。

題目說明

除了計算、解題的數學力，我們期許培育學生「在生活中看見數學，用數學解決生活問題」的數感。數學素養題型將引導學生進行下圖思考歷程：

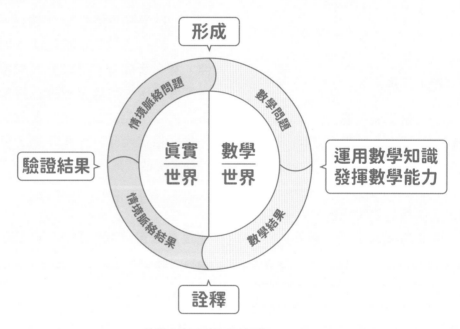

數學素養題型的思考歷程

從真實世界形成數學問題
進入數學世界的歷程

形成

過往教學常注重「解決數學問題」。素養導向則強調真實世界到數學世界的「形成」——發現數學線索、連結數學知識，進而數學化問題。

數學素養題型的兩大特色

01

多樣化豐富情境

本團隊累積逾千篇數學生活文章，轉換之題組涵蓋PISA四大情境：個人、職業、社會、科學。

02

探究式題組

引導學生思考、分析情境、選擇工具、形成問題、運算，得到答案後詮釋情境。

數感不是獨特的天賦，需要的只是有方法的引導與適量的練習。數學素養題型基於豐富的素材、設計活潑的情境，提供細緻的探究歷程。學生可以自學，定期練習。老師也能於教學中活用，直接作為評量或改編為課堂教案。我們期許這項服務能作為現場老師因應數學素養的強力後盾。

作答說明

是非題	選擇題	非選擇題
每題包含 是 否 兩個選項。 請根據題意，從兩個選項中選出一個正確或最佳的答案。	每題包含 A)、B)、C)、D) 四個選項。 請根據題意，從四個選項中選出一個正確或最佳的答案。	請根據題意，將解題過程與最後答案，清楚完整地寫在試題下方作答欄位中。

······················· 每道題組建議作答時間：15~20分鐘 ·······················

！延伸學習QRcode掃描注意事項！

若手機相機掃描異常，可改用LINE的行動條碼掃描器（開啟App ➡ 點選搜尋欄右側顯示的掃描圖示 ⌐⌐ ），或嘗試下載其他QRcode掃描App。

08 **單元一 整數的運算** _____ UNIT ONE

09 學習重點回顧

13 數學知識檢核

17 1-1 凱撒密碼

19 1-2 高鐵票價

21 1-3 毅力號彩蛋

25 1-4 破解密碼

27 歷屆會考考題

30 **單元二 分數的運算** _____ UNIT TWO

31 學習重點回顧

35 數學知識檢核

39 2-1 7的魔法陣

41 2-2 神聖數字369

43 2-3 雞塊怎麼點

45 2-4 完美數與親和數

47 2-5 孔子生日

49 2-6 13月亮曆

51 2-7 Ct值的奧秘

55 歷屆會考考題

56 **單元三 一元一次方程式** _____ UNIT THREE

57 學習重點回顧

59 數學知識檢核

61 3-1 高矮胖瘦的建築物

65 3-2 無限巧克力

67 3-3 生命之翼路跑大賽

69 3-4 疫苗保護力

71 歷屆會考考題

單元一　整數的運算

UNIT ONE

LESSON
整數的運算

學習重點回顧

1 **性質符號**：當「＋」、「－」用來表示數量相反或相對的性質時，「＋」稱作「正號」，「－」稱作「負號」。例如：以0°C為基準，28°C 比 0°C 高，可用「＋28°C」或「28°C」表示；比攝氏 0 度低 10 度的溫度，則可用「－10°C」或「零下 10°C」表示。

- 兩數有相同的性質符號，稱作同號數。
  例如：＋50 與 ＋600、－200 與 －30 為兩組同號數。

- 兩數有不同的性質符號，稱作異號數。
  例如：＋50 與 －200、－30 與 ＋600 為兩組異號數。

2 **正、負數與 0 的關係：**

- 比 0 大的數稱為正數。可在數的左邊標記＋，或省略不記。

- 比 0 小的數稱為負數。必須在數的左邊標記－

- 0 不是正數，也不是負數。

- 0 跟所有的正整數（如：2、13、40）、負整數（如：－1、－22、－35），合稱為整數。

3 **數線與正、負數的大小：**下圖為一條數線。

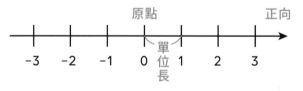

- 在直線上任意指定一點為原點（0），指定一個正向，並給定一個線段，令其長為單位長，即成為一條數線。

- 與正向相反的方向，稱為負向。

- 愈往正向的數，其值會愈大；反之，愈往負向的數，其值會愈小。
  如上圖：1、2 相比，因為 2 比較往正向，1 比較往負向，所以 1 < 2；－2、－3 相比，因為－2 比較往正向，－3 比較往負向，所以－3 < －2

❹ **相反數**：在數線上，若兩數位在原點兩側，且與原點的距離都相等，則這兩數互為相反數。例如：假設數線往右為正向，3 位在原點的右側，且距離 3 單位長，則它的相反數會在原點的左側，且同樣距離 3 單位長，即 -3

- 0 的相反數即為 0 本身。

- 無論 n 是正數或負數，n 與 $-n$ 都互為相反數。

❺ **正、負數的加減運算：**

- 當一數加上正數，相當於將此數往數線正向移動；當一數減去正數，相當於將此數往數線負向移動。

- 當一數加上負數，等同於此數減去此負數的相反數；當一數減去負數，等同於此數加上此負數的相反數。

- 互為相反數的兩數相加，結果等於 0

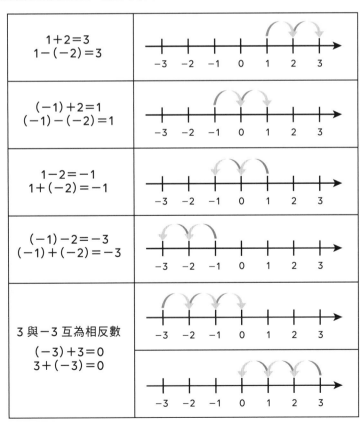

6 **絕對值**：一數的絕對值，表示此數與原點的距離。例如：2 與原點距離 2 單位長，所以 $|2|=2$；-3 與原點距離 3 單位長，所以 $|-3|=3$

- 正數、0 的絕對值，等於自己本身；負數的絕對值，等於它的相反數。
- 兩負數 m、n，若 $|m|<|n|$，則 $m>n$
  例如：$|-1|=1$，$|-3|=3$，因為 $1<3$，即 $|-1|<|-3|$，所以 $-1>-3$
- 有兩數 a、b，此兩數在數線上的距離可用 $|a-b|$ 或 $|b-a|$ 表示。

7 **正、負數的乘除運算**：

- 若 n 為一數且不為 0，則 $1\times n=n$，$(-1)\times n=-n$
- 若兩數為同號數，則兩數相乘、相除的結果皆為正數。
  例如：$3\times 4=12$、$(-4)\times(-2)=8$、$12\div 3=4$、$(-4)\div(-2)=2$
- 若兩數為異號數，則兩數相乘、相除的結果皆為負數。
  例如：$3\times(-4)=-12$、$(-2)\times 4=-8$、$(-12)\div 3=-4$、$4\div(-2)=-2$

8 **正、負數的四則混合運算規則**：若算式含有加、減、乘、除混合運算中，則由左至右，先做乘、除，再做加、減。若有括號，則優先計算括號內的算式。

9 **指數**：若 a 為任一數，n 為正整數，則將 a 連乘 n 次可用指數記法 a^n 表示，唸作「a 的 n 次方」，其中 a 稱為底數，n 稱為指數。例如：3 連乘 5 次的指數記法為 3^5

- 假設底數為正數。若底數大於 1，則指數愈大，其值愈大；若底數小於 1，則指數愈大，其值愈小。
  例如：若底數為 2，則 $2^3<2^4$；若底數為 $\frac{1}{2}$，則 $\left(\frac{1}{2}\right)^3>\left(\frac{1}{2}\right)^4$
- 假設底數為負數。若指數為偶數，則計算結果為正數；若指數為奇數，則計算結果為負數。
  例如：若底數為 (-2)，則 $(-2)^4=16$，$(-2)^5=-32$
- $(-a)^n=\underbrace{(-a)\times(-a)\times...\times(-a)}_{n\ 個}$；$-a^n=-\underbrace{(a\times a\times...\times a)}_{n\ 個}$
  例如：$(-3)^2=(-3)\times(-3)=9$；$-3^2=-(3\times 3)=-9$

❿ **科學記號：** 將一正數表示成 $a \times 10^n$ 的形式，其中 $1 \leq a < 10$，n 為整數，稱作此正數的科學記號記法。例如：4300000 可用科學記號表示成 4.3×10^6，0.0000043 可用科學記號表示成 4.3×10^{-6}

- 若某數的科學記號記法 $a \times 10^n$，且 n 為正整數，則此數的整數部分有 $(n+1)$ 位數。
  例如：4.3×10^6 表示此數的整數部分有 7 位數。

- 若某數的科學記號記法 $a \times 10^n$，且 n 為負整數，則此數的小數點後第 $|n|$ 位開始出現不為 0 的數。
  例如：4.3×10^{-6} 表示此數的小數點後第 $|-6| = 6$ 位開始出現不為 0 的數。

- 假設兩數的科學記號記法分別為 $a \times 10^m$、$b \times 10^n$：
  - 若 $m > n$，則 $a \times 10^m > b \times 10^n$。例如：$5.1 \times 10^7 > 6.2 \times 10^4$
  - 若 $m = n$ 且 $a > b$，則 $a \times 10^m > b \times 10^n$。例如：$5.1 \times 10^7 > 4.8 \times 10^7$

數學知識檢核

① 根據東、西經度，地球被劃分為 24 個時區，以英國 格林威治天文台為基準，臺灣位在格林威治天文台的東方，相差 8 個時區，記為＋8 時區。若阿根廷位在格林威治天文台的西方，相差 3 個時區，應記為 _____ 時區。

(　)② 下列何者不是整數？

Ⓐ　−2

Ⓑ　0

Ⓒ　1

Ⓓ　3.9

③ 請根據下圖數線上的標點，寫出 A、B、C、D、E 各點的坐標。

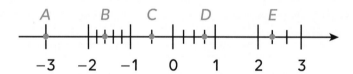

A（　　）、B（　　）、C（　　）、D（　　）、E（　　）

④ 請將 -2.4、$|-5|$、$3\frac{1}{4}$、$-|-7|$、$|6|$ 由小到大排列：

_____

（　）⑤ 假設有一數 n，則下列選項中的敘述，何者正確？

　　　A　−n 必定為負數

　　　B　−n 的相反數為−(−n)

　　　C　−n+1＜−n

　　　D　｜−n｜＜｜n｜

正負數的運算

① 請計算下列各式的值：

　　一　(−35)＋11＝＿＿＿＿＿＿

　　二　6.24−(−3.14)＋(−0.13)＝＿＿＿＿＿＿

② 請計算下列各式的值：

　　一　36×(−0.5)＝＿＿＿＿＿＿

　　二　(−10.24)÷(−32)×8＝＿＿＿＿＿＿

③ 數線上有三點 A(−10.4)、B(−0.4)、C(3.6)，請求出

　　A、B 之間距離 ＝＿＿＿＿＿＿

　　B、C 之間距離 ＝＿＿＿＿＿＿

　　A、C 之間距離 ＝＿＿＿＿＿＿

④ 數線上有 A、B 兩點，其中 A 的坐標為 25，且 A、B 之間距離為 45，則 B 點的坐標為 _____

⑤ 小米有個郵局帳戶，原有 500 元存款。接下來的 5 天中，他的帳戶存、提款情況如下：

- 第一天：想買喜歡的遊戲卡，從帳戶提領 150 元

- 第二天：跟朋友一起訂飲料，從帳戶剩下的錢中提領 50 元

- 第三天：買上課需要的文具，從帳戶剩下的錢中提領 100 元

- 第四天：獲得學校獎學金 1000 元，存到帳戶中

- 第五天：跟家人一起籌措旅遊基金，提領目前帳戶金額的一半到基金中

經過這 5 天後，小米的郵局帳戶還有 _____ 元。

指數與科學記號

① 請以指數記法化簡下列各式：

一 $13 \times 13 \times 13 \times 13 \times 13 \times 13 =$ _____

二 $(-66) \times (-66) \times (-66) \times (-66) =$ _____

② 請求出下列各式的值：

一 $5^4 =$ _____

二 $-7^3 =$ _____

③ 請計算下列各式的值：

⬡ $10 - 3^2 \times (-2^3) =$ _____

⬡ $2^5 + (-4)^3 \div 8 =$ _____

④ ⬡ 將 7.2×10^8 化成整數的形式，它是 _____ 位數。

⬡ 將 1.9×10^{-5} 化成小數的形式，它從小數點後第 _____ 位開始出現不為 0 的數。

⑤ 請比較下列各題中兩數的大小關係：

⬡ 8^{20} _____ 8^{15}

⬡ 0.47^{32} _____ 0.47^{11}

⬡ 6.1×10^9 _____ 9.2×10^5

⬡ 3.4×10^{-7} _____ 5.5×10^{-7}

QUESTION 1-1
凱撒密碼

相傳，古羅馬的凱撒大帝為了避免敵人知道軍情，發明了一套加密方式來傳遞重要軍事內容，後人稱為凱撒密碼。加密過程是將字母依序往後移，以英文字母為例，我們先將英文字母依序和數字做配對，整理出表格，如下表一。

表一　配對表

A	B	C	D	E	F	G	H	I	J	K	L	M
1	2	3	4	5	6	7	8	9	10	11	12	13

N	O	P	Q	R	S	T	U	V	W	X	Y	Z
14	15	16	17	18	19	20	21	22	23	24	25	26

有了這個表格，搭配簡單的加減法就能完成凱撒密碼。

愛德華和阿爾馮斯這對兄弟決定效仿凱撒，彼此約定好每個英文字母的加密方式為：先將原本的英文字母根據表一換成其對應的數字，接著將這個數字加 10，再將結果換成對應的英文字母，原本內容的所有英文字母經過上述方式加密後，就變成了密碼。解密時，則把密碼中所有英文字母對應的數字分別減 10，即可得到加密前的內容。

(　) 01 愛德華想請弟弟阿爾馮斯中午幫他買 MILK。根據表一，請問 M 對應到哪一個數字？

A) 3

B) 13

C) 23

D) 26

(　) 02 承上題，根據他們約定的加密方式，請問 MILK 密碼的第一個英文字母是？

A) J

B) N

C) Q

D) W

03 愛德華收到阿爾馮斯傳來的密碼為 YU,LBY。他先試解密碼 YU，請問阿爾馮斯是否答應幫忙買牛奶呢？請合理說明或詳細解釋你的看法。

◉ 是　　◉ 否

◆ 說明：

( ) <u>04</u> 有時加減的結果，不會落在 1 到 26 之間。像是 G 對應到數字 7，解密時減 10，得到的數為−3，該怎麼辦呢？這種情況和時鐘計算一樣，如果時針指向 7 點，10 個小時前，時針不會停在−3 位置，而是−3＋12＝9 的位置。英文字母有 26 個，所以當解密計算結果為負數時，就加 26。所以−3＋26＝23，G 解密後是 W。<u>愛德華</u>在解密碼 LBY 時，B 對應到 2，根據上述解密原則，B 解密得到的英文字母為？

A) L

B) N

C) D

D) R

( ) <u>05</u> YU,LBY 這道密碼被兄弟倆的師父<u>伊茲米</u>撿到。<u>伊茲米</u>知道這是兄弟倆模仿<u>凱撒</u>密碼，將表一中各字母對應的數字加上一固定整數後所得出的密碼。請問師父最多試幾次，就能破解這對兄弟的密碼？

A) 100

B) 50

C) 26

D) 25

延伸學習

題目資訊

內容領域	●數與量(N)　○空間與形狀(S)　○變化與關係(R)　○資料與不確定性(D)
數學歷程	○形成　●應用　○詮釋
情境脈絡	●個人　○職業　○社會　○科學

學習重點	學習內容	N-7-3 負數與數的四則混合運算（含分數、小數）
	學習表現	n-IV-2 理解負數之意義、符號與在數線上的表示，並熟練其四則運算，且能運用到日常生活的情境解決問題

QUESTION 1-2
高鐵票價

　　高鐵實現了「臺北 高雄一日生活圈」的願景，最高時速可達 300 公里，往來臺北、高雄最短僅需 100 分鐘。

　　廣志住在南港，某次他從南港到左營的出差旅程中，忽然好奇高鐵怎麼訂價？開得愈遠，票價愈貴，顯然票價與距離有關。他查了幾個常去的高鐵站里程位置，如表一所示。

表一　高鐵站里程位置

站名	南港	臺北	板橋	左營
里程位置（公里）	−3.3	5.9	13.1	345.2

　　這些里程位置是以臺鐵的松山站附近為里程原點，後來增設的南港站，里程位置就以負數表示。讓我們跟著廣志的出差之旅，一起來了解高鐵的票價吧！

01 「左營到里程原點的距離是345.2公里。」請問此描述是否正確？
　　　　● 是　　● 否

(　) 02 根據表一，廣志試著計算南港到臺北的距離，請問下列哪個式子正確？

A）−3.3−5.9

B）−|3.3|−5.9

C）5.9−|−3.3|

D）|−3.3−5.9|

03 廣志查到交通部與高鐵有個協議，希望高鐵平均每公里票價不超過4.4元[1]。他這次的訂票結果，如下圖一所示。

南港　　　<u>205</u>　→　　左營
07:40　[停靠站]　09:30

成人　　　　　　　票號 -
5 車−4E

———————————————
TWD 1,530

圖一　廣志的訂單

---

[1] 政府與高鐵的協議票價為每公里上限為 4.386 元，為方便估算，這邊取 4.4。

請判斷此段的票價是否符合高鐵與交通部的協議，並合理說明或詳細解釋你的看法。

　是　　否

◆ 說明：

04　廣志發現位在臺北市與新北市的三站彼此距離不遠，但是票價似乎偏高，如右圖二所示。

他想了想，或許是高鐵為了鼓勵民眾短程通勤時，改搭別的大眾運輸工具，以便讓出更多高鐵位置給長途通勤的旅客。承上題，根據圖二的票價，請試算出這三站兩兩之間的每公里票價，並說明有無超過協議的票價。

南港		
40	臺北	
70	40	板橋

圖二　雙北三個高鐵站間的票價

◆ 試算與說明：

題目資訊

內容領域	◉數與量(N)　○空間與形狀(S)　○變化與關係(R)　○資料與不確定性(D)

數學歷程	○形成　◉應用　○詮釋

情境脈絡	○個人　○職業　◉社會　○科學

學習重點	學習內容	N-7-3　負數與數的四則混合運算（含分數、小數） N-7-5　數線
	學習表現	n-IV-2 理解負數之意義、符號與在數線上的表示，並熟練其四則運算，且能運用到日常生活的情境解決問題

QUESTION 1-3
毅力號彩蛋

美國太空總署[2] 發射火星探測車毅力號,已成功登陸。在記者會上,NASA 公布了許多影像畫面,如圖一所示,登陸系統主任在記者會上語帶玄機地說:「有時候我們更喜歡把想說的話,留在作品上。」

阿姆斯壯是一位經驗老道的太空迷,他猜出 NASA 的訊息就藏在「傘面圖案」上。他從最內圈的 12 點鐘方向開始解讀,每 10 格是 1 組密碼,總共有 24 組密碼,並重新繪製傘面成圖二。據此,他推斷 NASA 用的是二進位碼,也就是只用 0、1 表示數字的一種方式,而傘面中的藍色部份代表 1,白色部份代表 0

圖一　降落傘登陸畫面

圖二　毅力號傘面

以最內層的右半圈中,第一組密碼的排列方式為例,如圖三所示,此組密碼呈現的二進位碼為 0000000100

二進位碼可以和日常用的十進位制轉換;以 101 這個數字為例,在十進位制代表的是 $100+0+1$,即 $1\times10^2+0\times10^1+1\times10^0$,但在二進位制代表的是 $1\times2^2+0\times2^1+1\times2^0$,與十進位制對應的數字是 5

圖三　第一組密碼

[2] 美國太空總署 (National Aeronautics and Space Administration),下稱 NASA

(　) **01** 下列哪一個數字會出現在以二進位制表示的數字中？

A) 0

B) 2

C) 4

D) 6

(　) **02** 請問第一組密碼所呈現的二進位碼，其與十進位制對應的數字是多少？

A) 1111111011

B) 100

C) 4

D) 1

(　) **03** 第三組密碼的排列方式如圖四所示，阿姆斯壯得出此組密碼與十進位制對應的數字後，再依照英文字母出現的順序，將數字換成英文字母，例如：1 換成 A，2 換成 B。請問阿姆斯壯會得到哪個英文字母呢？

A) D

B) M

C) N

D) R

圖四　第三組密碼

( ) **04** 阿姆斯壯順利解出內圈密碼後,繼續沿著順時鐘方向解完第二圈、第三圈,看到解開來的密碼,會心一笑。請問阿姆斯壯看到的是下列哪一句話?

A) NASA CHANGE FUTURE

B) DOVE FLYING ACROSS

C) DARE MIGHTY THINGS

D) DORA DEFEAT MARCUS

( ) **05** 阿姆斯壯發現,如果單純把二進位碼換成 26 個英文字母,其實每組密碼不需要這麼多個傘格[3],請問每組密碼只需要幾個傘格就足以表示所有英文字母?

A) 26

B) 5

C) 4

D) 3

延伸學習

題目資訊		
內容領域	◉數與量(N) ○空間與形狀(S) ○變化與關係(R) ○資料與不確定性(D)	
數學歷程	○形成 ○應用 ◉詮釋	
情境脈絡	○個人 ○職業 ○社會 ◉科學	
學習重點	學習內容	N-7-6 指數的意義
	學習表現	n-IV-3 理解非負整數次方的指數和指數律,應用於質因數分解與科學記號,並能運用到日常生活的情境解決問題

[3] 最外圈有些位置是要表達數字,只需將第 20 組密碼、第 24 組密碼換成英文即可,得到 (34 11 58N 118 10 31 W),是一個經緯度數據,指向的地址:NASA 噴氣推進實驗室訪客中心的門外!

QUESTION 1-4
破解密碼

　　小楷和小雯在交換日記，會把彼此的生活記錄在同一個本子上，輪流交換寫。為了避免本子被發現，他們會找地方藏本子，並發明了一套密碼規則，將藏本子的地方加密後跟對方說。

密碼規則

STEP 1　先把字母對應成數字

A	B	C	D	E	F	G	H	I	J	K	L	M
1	2	3	4	5	6	7	8	9	10	11	12	13

N	O	P	Q	R	S	T	U	V	W	X	Y	Z
14	15	16	17	18	19	20	21	22	23	24	25	26

STEP 2　將字母對應的數字乘以 12

STEP 3　再將該數減去 3

得出的答案就是那個字母的密碼。
例如，C 代表的數字是 3，3×12−3＝33，替換出的密碼會記錄為 33。

( )　**01**　小雯將本子藏好後，給小楷的密碼第一個數為 21，請問藏匿地點的英文第一個字母為？

A) B

B) I

C) R

D) X

( )　**02**　小楷想把本子藏在湖邊 (LAKE)，請問告訴小雯的密碼會是下列何者？

A) 15 / 4 / 14 / 8

B) 141 / 9 / 129 / 57

C) 144 / 12 / 132 / 60

D) 147 / 15 / 135 / 63

03 小楷和小雯發現小賈已偷聽到密碼規則，因此改變了原規則中的第二個步驟，在改變後的新規則裡，C 的密碼會從 33 改為 6。已知他們的規則中只使用整數，請問這是否表示他們在新規則裡的第二步驟使用了除法？請合理說明或詳細解釋你的看法。

　　　　是　　　否

> ◆ 說明：

04 承上題，小楷和小雯後來決定將最後兩個步驟都改掉。但小賈又偷聽到他們的對話，知道新密碼中，「16」是「A」、「38」是「C」、「60」則是「E」。已知最後兩個步驟都是由「加、減、乘、除」中的一個運算搭配一個整數所組成，請問新密碼所用的兩步驟運算規則是什麼？請合理說明或詳細解釋你的看法。

> ◆ 說明：

題目資訊

內容領域	●數與量(N)　○空間與形狀(S)　○變化與關係(R)　○資料與不確定性(D)

數學歷程	○形成　●應用　○詮釋

情境脈絡	●個人　○職業　○社會　○科學

學習重點	學習內容	N-7-3 負數與數的四則混合運算（含分數、小數）
	學習表現	n-IV-2 理解負數之意義、符號與在數線上的表示，並熟練其四則運算，且能運用到日常生活的情境解決問題

歷屆會考考題

108 年會考選擇題第 6 題

<u>民國</u> **106** 年 **8** 月 **15** 日，<u>大潭發電廠</u>因跳電導致供電短少約 **430** 萬瓩，造成全<u>臺灣</u>多處地方停電。已知 **1** 瓩等於 **1** 千瓦，求 **430** 萬瓩等於多少瓦？

(A) 4.3×10^7

(B) 4.3×10^8

(C) 4.3×10^9

(D) 4.3×10^{10}

答：(C)

111 年會考選擇題第 16 題

緩降機是火災發生時避難的逃生設備，圖（七）是廠商提供的緩降機安裝示意圖，圖中呈現在三樓安裝緩降機時，使用此緩降機直接緩降到一樓地面的所需繩長（不計安全帶）。若某棟建築的每個樓層高度皆為 **3** 公尺，則根據圖（七）的安裝方式在該建築八樓安裝緩降機時，使用此緩降機直接緩降到一樓地面的所需繩長（不計安全帶）為多少公尺？

(A) **21.7**

(B) **22.6**

(C) **24.7**

(D) **25.6**

答：(A)

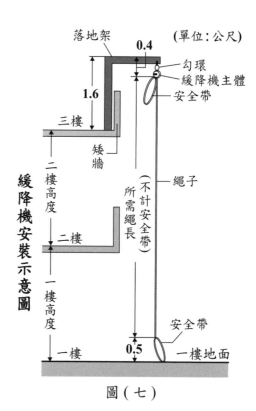

圖（七）

111 年補考選擇題第 5 題

已知春日麵包店的紅豆麵包、奶油麵包、巧克力麵包的單價分別為 15、25、35 元。某日麵包店打烊後分別計算各種麵包當日賣出的收入金額，若紅豆麵包、奶油麵包、巧克力麵包的收入金額均相等，則此金額可能在下列哪一個範圍？

(A) 1 ～ 250 元

(B) 251 ～ 500 元

(C) 501 ～ 750 元

(D) 751 ～ 1000 元

答：(C)

單元二 分數的運算

UNIT TWO

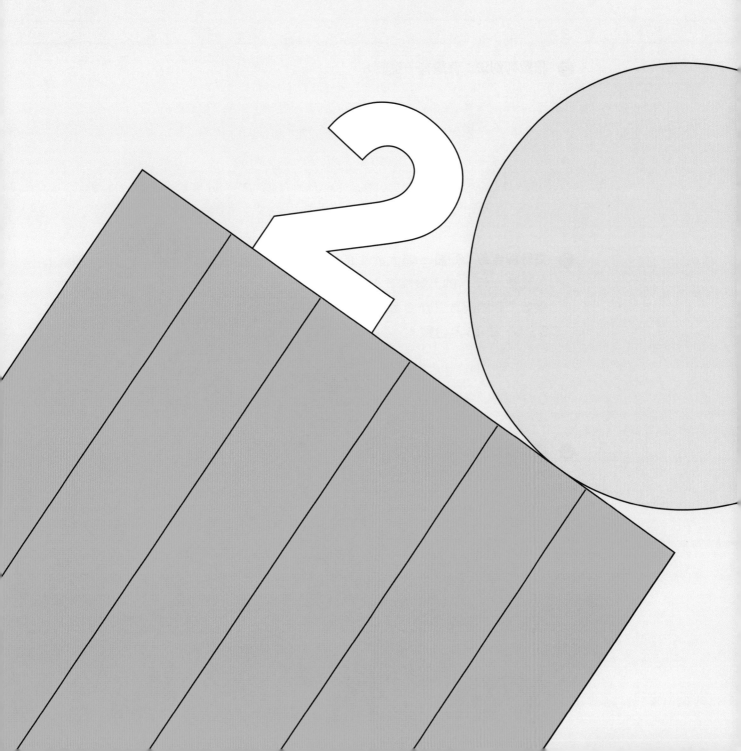

LESSON
分數的運算

學習重點回顧

❶ 因數與倍數：假設 a、b、c 為正整數。若 a＝b×c，則 b、c 稱作 a 的因數，a 稱作 b、c 的倍數。例如：15＝3×5，則 3、5 稱作 15 的因數，15 稱作 3、5 的倍數。

- 1 是所有正整數的因數；所有正整數都是 1 的倍數。
- 0 是所有正整數的倍數。

❷ 倍數判別法：假設有一整數 n，

- 2 的倍數：若 n 的個位數字為 0、2、4、6、8，則 n 為 2 的倍數。
- 3 的倍數：若 n 的各位數字和為 3 的倍數，則 n 為 3 的倍數。
- 5 的倍數：若 n 的個位數字為 0、5，則 n 為 5 的倍數。
- 11 的倍數：若 n 的「奇數位數字和」與「偶數位數字和」相差為 0 或 11 的倍數，則 n 為 11 的倍數。

❸ 質數與合數：假設 n 為大於 1 的整數。若 n 的因數只有 1 跟自己本身，則稱 n 為質數；若 n 的因數除了 1 跟自己本身以外，還有其他因數，則稱 n 為合數。例如：7 的因數只有 1 跟 7，故 7 為質數；15 的因數除了 1、15 之外，還有 3、5，故 15 為合數。

- 1 不是質數，也不是合數。
- 2 是最小的質數，且是所有質數中唯一的偶數。

❹ 標準分解式：將一正整數表示成質因數的連乘積，遇相同的質因數以指數形式表示，並根據底數由小到大排列，稱作此數的標準分解式。例如：96 可表示成質因數的連乘積 $2×2×2×2×2×3$，則它的標準分解式為 $2^5×3$

5 **最大公因數**：兩正整數 a、b 共同的因數，稱作 a、b 的公因數；所有公因數中最大者，稱作 a、b 的最大公因數，以 (a,b) 表示。例如：12 的因數有 1、2、3、4、6、12，而 15 的因數有 1、3、5、15，則 1、3 為 12 跟 15 的公因數。又 3 為公因數中最大的數，故 3 稱作 12 跟 15 的最大公因數，以 (12,15)＝3 表示。

- 假設 a、b 為正整數。若 (a,b)＝1，則稱 a、b 兩數互質。例如：6 的因數有 1、2、3、6，而 25 的因數有 1、5、25，則 1 是 6 跟 25 唯一的公因數，即 (6,25)＝1，故 6 與 25 互質。

- 假設 a、b、c 為正整數，則 (a,b,c)＝((a,b),c)＝(a,(b,c))＝((a,c),b)。例如：$(10,12,15)=((10,12),15)=(10,(12,15))=((10,15),12)=1$

- 在兩正整數的標準分解式中，找出共同的質因數，並分別取共同的質因數中最小的指數相乘，即可求得此兩數的最大公因數。例如：$18=2\times3^2$，$60=2^2\times3\times5$，它們共同的質因數為 2、3，且 2 最小的指數為 1，3 最小的指數為 1，故 $(18,60)=2\times3=6$

6 **最小公倍數**：兩正整數 a、b 共同的倍數，稱作 a、b 的公倍數；所有公倍數中最小者，稱作 a、b 的最小公倍數，以 [a,b] 表示。例如：60、120、……為 12 跟 15 的公倍數。又 60 為公倍數中最小的數，故 60 稱作 12 跟 15 的最小公倍數，以 [12,15]＝60 表示。

- 假設 a、b、c 為正整數，則 [a,b,c]＝[[a,b],c]＝[a,[b,c]]＝[[a,c],b]。例如：$[10,12,15]=[[10,12],15]=[10,[12,15]]=[[10,15],12]=60$

- 在兩正整數的標準分解式中，找出所有的質因數，並分別取所有質因數最大的指數相乘，即可求得此兩數的最小公倍數。例如：$18=2\times3^2$，$60=2^2\times3\times5$，它們所有的質因數為 2、3、5，且 2 最大的指數為 2，3 最大的指數為 2，5 最大的指數為 1，故 $[18,60]=2^2\times3^2\times5=180$

❼ 正、負分數：假設 a、b 為正整數，

- $-\dfrac{a}{b} = \dfrac{-a}{b} = \dfrac{a}{-b}$。例如：$-\dfrac{2}{5} = \dfrac{-2}{5} = \dfrac{2}{-5}$

- 若任兩數相乘的結果為 1，則此兩數互為倒數。例如：$\dfrac{2}{5} \times \dfrac{5}{2} = 1$，所以 $\dfrac{2}{5}$ 與 $\dfrac{5}{2}$ 互為倒數；$(-\dfrac{2}{5}) \times (-\dfrac{5}{2}) = 1$，所以 $-\dfrac{2}{5}$ 與 $-\dfrac{5}{2}$ 互為倒數

- 若 n 為正整數，則 $(\dfrac{a}{b})^n = \dfrac{a^n}{b^n}$。例如：$(\dfrac{2}{5})^3 = \dfrac{2^3}{5^3} = \dfrac{8}{125}$，$(-\dfrac{2}{5})^3 = \dfrac{(-2)^3}{5^3} = -\dfrac{8}{125}$

❽ 指數律：假設 a、b 皆為不等於 0 的數，m、n 皆為非負的整數，

- $a^m \times a^n = a^{(m+n)}$。例如：$2^2 \times 2^3 = 2^{2+3} = 2^5$

- $a^m \div a^n = a^{(m-n)}$。例如：$2^5 \div 2^2 = 2^{5-2} = 2^3$

- $(a^m)^n = a^{mn}$。例如：$(2^2)^3 = 2^{2 \times 3} = 2^6$

- $(a \times b)^m = a^m \times b^m$。例如：$(2 \times 3)^5 = 2^5 \times 3^5$

- $a^0 = 1$

❾ 含有指數的混合四則運算規則：含有加、減、乘、除混合運算的算式中，若有指數的運算，則先做完指數的運算，再由左至右，先做乘、除，後做加、減。若有括號，則優先計算括號內的算式。

NOTE

數學知識檢核

因數與倍數

① 請列出 168 的所有因數：_____

( ) ② 下列何者是 11 的倍數？

　　A　11408

　　B　15926

　　C　22737

　　D　27395

③ 請判斷表中的各數是否為 2、3、5 或 11 的倍數，若判斷為「是」，請在空格中打√

	42	51	110	242
2 的倍數				
3 的倍數				
5 的倍數				
11 的倍數				

質數與合數

( ) ① 下列何者<u>不是</u>質數？

　　A　23

　　B　43

　　C　63

　　D　83

② 請列出 72 的所有因數，並寫出哪些是 72 的質因數。

③ 將下列各數寫成標準分解式：

　　⬡ 45＝＿＿＿＿＿＿

　　⬡ 5800＝＿＿＿＿＿＿

最大公因數與最小公倍數

① 請求出下列各組數的最大公因數：

　　⬡ 24、56 ＿＿＿＿＿＿

　　⬡ 136、170 ＿＿＿＿＿＿

② 請求出下列各組數的最小公倍數：

　　⬡ 63、84 ＿＿＿＿＿＿

　　⬡ 75、120 ＿＿＿＿＿＿

③ 請將 196、616 寫成標準分解式，並以標準分解式表示它們的最大公因數與最小公倍數。

④ 某校今年度的入學新生中，男生有 180 位，女生有 140 位。若要將這些新生分成多個班級，且每個班級的男生人數相同，每個班級的女生人數也相同，則最多可以分成＿＿＿＿班。

⑤ 某賣場販售蘋果、橘子禮盒，1 盒蘋果禮盒有 2 顆蘋果，1 盒橘子禮盒有 6 顆橘子。若想要買到一樣多顆的蘋果跟橘子，且蘋果、橘子各至少要 100 顆，則應至少買＿＿＿＿盒蘋果禮盒、＿＿＿＿盒橘子禮盒。

指數律與數的運算

① 請在下列 ⬡ 中填入適當的數：

⬡ $4^2 \times 4^8 = 4^{\boxed{}}$ ， $\boxed{} = $＿＿＿＿＿＿＿

⬡ $7^{12} \div 7^3 = 7^{\boxed{}}$ ， $\boxed{} = $＿＿＿＿＿＿＿

⬡ $[(-\frac{10}{3})^5]^2 = (-\frac{10}{3})^{\boxed{}}$ ， $\boxed{} = $＿＿＿＿＿＿＿

② 請利用指數律計算下列各式的值：

⬡ $10^3 \times 12^2 \div 15^2 = $＿＿＿＿＿＿＿

⬡ $9^4 \div 3^3 \times 2^5 = $＿＿＿＿＿＿＿

③ $-\frac{9}{13}$ 的倒數為＿＿＿＿＿＿＿

④ 請計算下列各式的值：

⬡ $(\frac{5}{4})^2 \div (\frac{3}{2})^3 + (-\frac{11}{6}) = $＿＿＿＿＿＿＿

⬡ $1 - (-\frac{2}{7})^3 \times \frac{63}{16} = $＿＿＿＿＿＿＿

NOTE

QUESTION 2-1
7的魔法陣

哲軒有一天發現一個神奇的圖形，只要會數數，就可以判斷一個任意數字是不是 7 的倍數，那張神奇的圖如下圖一。

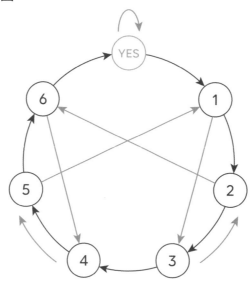

圖一　大衛威爾森的餘數圖

　　讓我們用「28」這個數字來看看怎麼使用這張圖。首先，以 YES 為起點。28 最左邊的數字是 2，所以沿著「黑色箭頭」前進「2」格來到圈圈 2，再沿著「綠色箭頭」走到圈圈 6。接下來，28 再往右一個數字是 8，所以從圈圈 6 繼續沿著黑色箭頭前進 8 格，走到 YES，再沿著綠色箭頭，又回到 YES。所以，28 是 7 的倍數。

　　換句話說，給定一個數，都先用最左邊的數字，也就是「最高位值」的數字，以 YES 為起點，沿著黑色箭頭前進該數字的格數，走到目的地後再走一次綠色箭頭。然後再往右一個數字，從上一個數字停下的地方，以相同的方式沿著黑色與綠色箭頭繼續往下走，直到走完所有的數字。只要最終停在 YES，就表示給定的數是 7 的倍數。

　　哲軒想利用這個方法，檢查「8641199」是不是 7 的倍數。

(　) 01 請問 8641199 最高位值的數字為？

A) 8

B) 6

C) 4

D) 3

( )02 承上題，執行完最高位值數字的步驟後，請問會停留在哪個圈圈上？

A）圈圈 1

B）圈圈 2

C）圈圈 3

D）圈圈 4

( )03 承上題，接著再往右執行下一個數字的步驟，請問執行完後會停留在哪個圈圈上？

A）圈圈 YES

B）圈圈 6

C）圈圈 5

D）圈圈 4

04 跟著哲軒使用的方法，當最後一個數字的步驟執行完後，請判斷這個數字是否為 7 的倍數，並合理說明或詳細解釋你的看法。

是　　否

◆ 說明：

題目資訊

內容領域	◉數與量(N) ○空間與形狀(S) ○變化與關係(R) ○資料與不確定性(D)
數學歷程	○形成 ◉應用 ○詮釋
情境脈絡	◉個人 ○職業 ○社會 ○科學

學習重點	學習內容	N-7-1　100 以內的質數
	學習表現	n-IV-1　理解因數、倍數、質數、最大公因數、最小公倍數的意義及熟練其計算，並能運用到日常生活的情境解決問題

神聖數字369

　　每個人對數字或多或少都有偏好：專屬的幸運號碼、忌諱的數字等等。知名 YouTuber 老高甚至認為數字本來就有高低之分。他在【你的生日數字相加等於幾？如果等於 369，那你註定不平凡啊】影片中提到：

「人自古認為數字 1 到 9，九個數字不是平等的。1、2、4、5、7、8 這六個數，它們屬於最低等的數字，3、6 是第二集團，9 是最高等的數字。」

　　他舉細胞分裂為例，不管分裂幾次，由「分裂後的細胞數量」所形成的數列都遇不到 3、6、9，因此 3、6、9 是非現實的高級數字。

(　) 01　細胞每次分裂時，都會一分為二。請問一個細胞分裂 2 次後，會變成幾個細胞？

　　　　A) 1

　　　　B) 2

　　　　C) 3

　　　　D) 4

(　) 02　請問下列何者是一個細胞進行正常細胞分裂後的數目？

　　　　A) 12

　　　　B) 10

　　　　C) 24

　　　　D) 32

(　) 03　知道分裂後的細胞數量後，老高將此數的每個位數相加，若相加後的位數和不是一位數，則再將此和的每個位數相加，直到相加後的位數和是一位數為止。比如說 512，就是 5 加 1 加 2，得位數和為 8。64 呢，就是 6 加 4，得位數和為 10，因為 10 不是一位數，故再 1 加 0，最後得位數和為 1。根據老高的位數相加規則，請問細胞從一開始到分裂 6 次的細胞數量的位數和，依序為下列哪一個選項？

　　　　A) 1，2，4，8，7，5，1

　　　　B) 1，2，4，8，7，5，10

　　　　C) 1，2，4，6，8，10，12

　　　　D) 1，2，4，8，16，32，64

04 以下是欣欣與惠惠看完這支老高影片後的對話：

欣欣：原來 3、6、9 是這麼厲害的數字，我從來都沒有想過呢！

惠惠：這不過是老高隨便舉例說說的，數字哪有什麼神聖之分？

欣欣：可是，細胞分裂數量的位數和，真的都沒有出現 3、6、9 啊！

惠惠：不能因為沒有出現就說是神聖的數字啊！等我解釋給你聽就知道這沒什麼……。

請問惠惠該如何向欣欣說明，細胞分裂數量的位數和「本來」就不會出現 3、6、9 這些數字？請合理說明或詳細解釋你的看法。

◆ 說明：

延伸學習

題目資訊

內容領域 ●數與量(N)　○空間與形狀(S)　○變化與關係(R)　○資料與不確定性(D)

數學歷程 ○形成　○應用　●詮釋

情境脈絡 ●個人　○職業　○社會　○科學

學習重點

學習內容　N-7-1　100 以內的質數

學習表現　n-IV-1　理解因數、倍數、質數、最大公因數、最小公倍數的意義及熟練其計算，並能運用到日常生活的情境解決問題

QUESTION 2-3

雞塊怎麼點

　　丹丹全家在大掃除時，丹爸從小時候的夾克中，翻出了一張麥當勞點餐單。這可是張 20 年以上的菜單，根據這張菜單，當時的麥克雞塊只有三種規格，6 塊、9 塊、20 塊，如下圖一。

※ 牛肉系列				(大)(中)
雙層漢堡	43	可口可樂		30　25
雙層吉事漢堡	55			(大)(小)
麥香堡	62	冰檸檬紅茶		25　20
※ 豬肉系列		冰咖啡		30　25
滿福堡	41	柳橙汁		29　20
鮮肉滿福堡加蛋	47	雞蓉玉米湯		35　30
		熱紅茶		25
麥香魚	58	熱咖啡		25
麥香雞	55	蘋菓派		35
麥克雞塊　(6)　(9)　(20)		麥當勞薯條		(大)(中)
60　90　180				32　28
麥當勞炸雞　(1)　(2)				
36　72		特別推薦組合餐：		
(3)　(8)				
106　268				

凡點購 200 元以上及車程 5 分鐘之內即可享受外送服務

麥當勞林森 中心

地址：南京東路1段86號　電話：5374880

圖一　麥當勞菜單

　　丹爸憶起小時候生日時，常常買麥克雞塊當同樂會的餐點。因為每次參加的人數不一樣，得點的麥克雞塊數目也不同，可是麥當勞每次只能點 6、9 或 20 塊。丹爸就察覺到一個問題：「很多時候他無法點到想要的麥克雞塊數量。」當時他發現，數學家甚至還特別把能夠用 6、9 或 20 塊加總出來的雞塊數，叫「麥克雞塊數」。

01 請問 5 是「麥克雞塊數」嗎？
　　　是　　否

02 根據圖一的價格，6 塊是 60 元，9 塊是 90 元，20 塊要 180 元。 丹爸說：「買 20 塊的組合，每塊的單價才是最便宜。」請問丹爸的說法是否正確？

　　是　　否

(　) 03 承上題，如果要點 72 塊雞塊，請問最便宜的點法要花多少錢呢？

A) 720 元

B) 700 元

C) 660 元

D) 648 元

04 丹爸發現 44、45、46、47、48、49 這 6 個連續整數，恰好都是麥克雞塊數。請根據丹爸的發現，判斷「任何大於 43 的整數」是否都是麥克雞塊數，並合理說明或詳細解釋你的看法。

　　是　　否

◆ 說明：

題目資訊

內容領域	◉數與量(N)　○空間與形狀(S)　○變化與關係(R)　○資料與不確定性(D)

數學歷程	○形成　◉應用　○詮釋

情境脈絡	◉個人　○職業　○社會　○科學

學習重點	學習內容	N-7-1　100 以內的質數
	學習表現	n-IV-1 理解因數、倍數、質數、最大公因數、最小公倍數的意義及熟練其計算，並能運用到日常生活的情境解決問題

QUESTION 2-4

完美數與親和數

西方古文明對數字有許多想像，名著《上帝之城》中有一段話：

「6 這個數字本身就是完美的，並非因為上帝造物用了 6 天；事實上，恰恰因為 6 是完美的，所以上帝在 6 天之內把一切事物都造好了。」

因為 6 的因數 1、2、3、6，扣掉自己，其餘的因數總和剛好是 6，所以古人認為 6 是完美的數字，稱之為「完美數」。

( )　01　請問下列何者<u>不是</u> 345 的因數？

　　　　A）1

　　　　B）5

　　　　C）17

　　　　D）23

( )　02　請問下列哪一個數字是完美數？

　　　　A）13

　　　　B）60

　　　　C）81

　　　　D）496

　　03　「質數一定<u>不會</u>是完美數。」請問此描述是否正確？

　　　　　是　　　否

( ) 04 有一組特殊的數字 (A,B)。數字 A 不含自己的因數總和，會是另一個數字 B。有趣的是，B 不含自己的因數總和則剛好是 A，古希臘人把這對數字稱為「親和數」。

當時有這麼一句諺語：「朋友是你靈魂的倩影，要像 220 與 x 一樣親密。」

請問與 220 組成一對的親和數 x 是多少？

A) 283

B) 284

C) 503

D) 504

延伸學習

題目資訊

內容領域	●數與量(N)　○空間與形狀(S)　○變化與關係(R)　○資料與不確定性(D)
數學歷程	○形成　●應用　○詮釋
情境脈絡	○個人　○職業　○社會　●科學

學習重點	學習內容	N-7-1　100 以內的質數
	學習表現	n-IV-1　理解因數、倍數、質數、最大公因數、最小公倍數的意義及熟練其計算，並能運用到日常生活的情境解決問題

孔子生日

　　教師節是由孔子的生日而來，根據《孔氏祖庭廣記》的記載，孔子出生於魯襄公 22 年 10 月「庚子」日，後人從古代曆法推算，得到當天為國曆的 9 月 28 日。古人用天干地支計日，天干與地支如下表一。天干按照甲、乙、丙、……的順序出現，地支按照子、丑、寅、……的順序出現，一個天干搭配一個相同順序的地支組成一組干支，即甲子、乙丑、……、癸酉、甲戌、乙亥、丙子、……。而阿拉伯數字按照 1、2、3、……的順序出現，每一組干支對應一個相同順序的阿拉伯數字，即甲子＝1、乙丑＝2、……、癸酉＝10、甲戌＝11、乙亥＝12、丙子＝13、……。

表一　天干與地支

天干	甲	乙	丙	丁	戊	己	庚	辛	壬	癸
地支	子	丑	寅	卯	辰	巳	午	未	申	酉	戌	亥

（　）01 阿拉伯數字 21 對應到哪組干支？

A）甲申

B）甲酉

C）甲辰

D）甲子

（　）02 2021 辛丑年，對應的阿拉伯數字是下列何者？

A）8

B）28

C）38

D）58

(　) <u>03</u> 承上題，請問要再過幾年才會碰到下一次辛丑年？

A) 5

B) 12

C) 60

D) 120

(　) <u>04</u> 一派學者從《春秋穀梁傳》發現：「二十有一年春……九月庚戌朔，日有食之。冬，十月庚辰朔……庚子，<u>孔子</u>生。」<u>孔子</u>出生年份比《孔氏祖庭廣記》早了 1 年，將庚子日換算回<u>國曆</u>就不是 9 月 28 日。已知<u>魯襄公</u>21 年 9 月庚戌日換算<u>國曆</u>是 8 月 20 日，且庚戌 =47、庚子 =37，請依據《春秋穀梁傳》，推算<u>孔子</u>的<u>國曆</u>生日為下列何者？

A) 8 月 30 日

B) 9 月 28 日

C) 10 月 6 日

D) 10 月 9 日

延伸學習

題目資訊

內容領域	◉ 數與量(N) 　 ○ 空間與形狀(S) 　 ○ 變化與關係(R) 　 ○ 資料與不確定性(D)
數學歷程	○ 形成 　 ◉ 應用 　 ○ 詮釋
情境脈絡	○ 個人 　 ○ 職業 　 ◉ 社會 　 ○ 科學

學習重點	學習內容	N-7-2 質因數分解的標準分解式
	學習表現	n-IV-1 理解因數、倍數、質數、最大公因數、最小公倍數的意義及熟練其計算，並能運用到日常生活的情境解決問題

與本題更多相關情境題目，同步收錄在康軒國中數學

QUESTION 2-6
13月亮曆

　　近年來，占卜師之間流傳一套用馬雅曆法和文字所設計的「13月亮曆」。該曆法宣稱，根據每個人出生的時間，搭配馬雅數字及文字，會有一組專屬的「星系印記」，代表我們與生俱來的潛能，例如「6白世界橋」表示長袖善舞，有溝通方面的才能。前21個星系印記如下圖一。

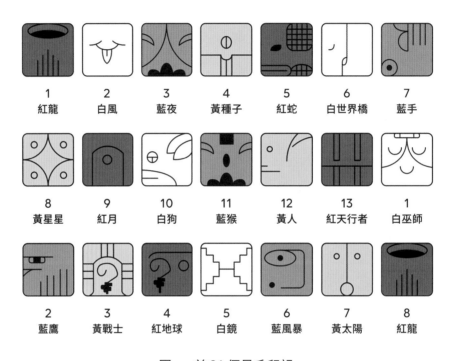

圖一　前21個星系印記

　　「星系印記」是由1～13的數字與20種紋章所組成，數字和紋章的搭配方式，類似中國的天干地支，如圖一，數字依照「1、2、3、4、……」的順序出現，紋章依照「紅龍、白風、藍夜……」的順序出現，像是第1天是1紅龍，第2天是2白風，……第14天是1白巫師，第15天是2藍鷹。

　　崔老妮想找出他的星系印記，讓我們來一起幫他占卜看看吧！

（　）01 根據圖一，請問第二次藍夜會對應到哪一個數字？

A) 9

B) 10

C) 11

D) 12

(　) <u>02</u>　運行到第 65 天時，請問會對應到哪一組數字和紋章？

　　A) 5 紅蛇

　　B) 13 紅蛇

　　C) 5 紅龍

　　D) 13 紅龍

(　) <u>03</u>　根據運行的規則，請問同一個星系印記至少經過多少天會再次出現？

　　A) 33

　　B) 260

　　C) 365

　　D) 520

(　) <u>04</u>　若要找出<u>崔老妮</u>的專屬星系印記，得先把他的<u>國曆</u>生日 3/9，轉換成<u>馬雅</u> 13 月亮曆的日期。13 月亮曆中不考慮<u>國曆</u>的閏年，且每年的第一天與<u>國曆</u>的 7/26 對應[4]。而他出生的那年，13 月亮曆的第一天恰好對應到星系印記的 1 紅龍。請問<u>崔老妮</u>的專屬星系印記是什麼？

　　A) 5 白世界橋

　　B) 6 紅蛇

　　C) 6 藍手

　　D) 7 白世界橋

題目資訊

內容領域	◉數與量(N)　○空間與形狀(S)　○變化與關係(R)　○資料與不確定性(D)

數學歷程	○形成　◉應用　○詮釋

情境脈絡	○個人　○職業　◉社會　○科學

學習重點	學習內容	N-7-2　質因數分解的標準分解式
	學習表現	n-IV-1　理解因數、倍數、質數、最大公因數、最小公倍數的意義及熟練其計算，並能運用到日常生活的情境解決問題

[4] 在 13 月亮曆中，引入了<u>馬雅</u>哈布曆（Haab'）Wayeb 概念，創造了一天的「無時間日」，故一年有 365 天。

QUESTION 2-7
Ct值的奧秘

COVID-19 檢測是一門相當厲害的生物技術。因為病毒非常小，為了讓儀器偵測到足量的病毒，必須先把採驗樣本複製到足夠多的數量，讓儀器可以偵測到病毒的基因片段。具體來說，檢測人員會將受測者的樣本送進檢測儀器，依照下圖一的方式複製。每次複製，段數會變為前一次的 2 倍。

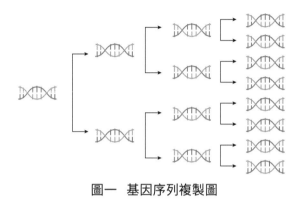

圖一　基因序列複製圖

當儀器能偵測到病毒存在時，複製的基因序列總段數是：

$$最初病毒基因序列段數 \times 2^{複製次數}$$

這個「複製次數」，就是新聞裡常提到的「Ct 值」。意思是需要複製幾次樣本，才能被儀器偵測到。若一個樣本只需要複製很少次就能被偵測到，表示樣本含有大量的病毒，極可能確診 COVID-19。也因此，Ct 值愈小，代表病毒量愈高。

讓我們一起來感受與病毒的對抗賽中，數學如何發揮用處吧！

(　) 01 有一個樣本複製了 11 次就被儀器偵測到，請問此樣本的 Ct 值是多少？

A) 11

B) 11^2

C) 11^{11}

D) 2^{11}

(　) 02 若最初病毒基因序列的段數有 5 段，請問複製 20 次的序列總段數約會有幾段？

A) 一萬

B) 十萬

C) 百萬

D) 一億

(　) 03 檢測人員收到甲跟乙兩組樣本。檢測後，甲的 Ct 值是 37，乙的 Ct 值是 30。假設被儀器偵測到病毒時，甲與乙的病毒基因序列總段數大約相同。今想知道最初乙樣本的病毒基因序列段數約是甲樣本的幾倍，請問結果最接近下列何者？

A) 30

B) 37

C) 2^{-7}

D) 2^7

04 各國所設定的 Ct 值門檻是由各國專家決定，像是日本就將 Ct 值門檻設定 40，但臺灣是設為 34。假設被儀器偵測到病毒時，病毒基因序列總段數相同，請判斷哪個國家設定的檢驗標準比較嚴格，並合理說明或詳細解釋你的看法。

日本　　臺灣

◆ 說明：

05 承 3、4 題，根據兩國的 Ct 值門檻判斷，請問甲、乙兩人在兩國的檢測結果會是什麼？(請於右側表格填入確診或沒確診)

	甲	乙
日本		
臺灣		

延伸學習

題目資訊

內容領域 ◉數與量(N) ○空間與形狀(S) ○變化與關係(R) ○資料與不確定性(D)

數學歷程 ○形成 ○應用 ◉詮釋

情境脈絡 ○個人 ○職業 ○社會 ◉科學

學習重點

學習內容　N-7-7 指數律

學習表現　n-IV-3 理解非負整數次方的指數和指數律，應用於質因數分解與科學記號，並能運用到日常生活的情境解決問題

歷屆會考考題

110 年補考選擇題第 11 題

某網購平臺的統計顯示,消費者在該平臺一年內購買的抽取式衛生紙,堆疊起來的高度大約為 2 萬座臺北 **101** 大樓的高度。已知臺北 **101** 大樓的高度約為 **509** 公尺,則在該網購平臺上,消費者一年內購買的抽取式衛生紙堆疊起來的高度大約為多少公尺?

(A) 10^6

(B) 10^7

(C) 10^8

(D) 10^9

答:(B)

111 年會考非選擇題第 1 題

健康生技公司培養綠藻以製作「綠藻粉」,再經過後續的加工步驟,製成綠藻相關的保健食品。已知該公司製作每 **1** 公克的「綠藻粉」需要 **60** 億個綠藻細胞。

請根據上述資訊回答下列問題,完整寫出你的解題過程並詳細解釋:

(一)假設在光照充沛的環境下,**1** 個綠藻細胞每 **20** 小時可分裂成 **4** 個綠藻細胞,且分裂後的細胞亦可繼續分裂。今從 **1** 個綠藻細胞開始培養,若培養期間綠藻細胞皆未死亡且培養環境的光照充沛,經過 **15** 天後,共分裂成 4^k 個綠藻細胞,則 **k** 之值為何?

(二)承 (1),已知 **60** 億介於 2^{32} 與 2^{33} 之間,請判斷 4^k 個綠藻細胞是否足夠製作 **8** 公克的「綠藻粉」?

參考答案:

15 天共有 $15 \times 24 = 360$ 小時

因為 **1** 個綠藻細胞每 **20** 小時可分裂成 **4** 個綠藻細胞,所以從 **1** 個綠藻細胞開始培養,共可分裂 $360 \div 20 = 18$ 次,共分裂成 4^{18} 個綠藻細胞,即 $k = 18$

依題意,$2^{32} < 60$ 億 $< 2^{33}$,且製作每 **1** 公克的「綠藻粉」需要 **60** 億個綠藻細胞

所以製作 **8** 公克的「綠藻粉」,需要 8×60 億個綠藻細胞,

這個數量範圍是 $8 \times 2^{32} < 8 \times 60$ 億 $< 8 \times 2^{33}$

利用指數律化簡,可得 $8 \times 2^{32} = 2^3 \times 2^{32} = 2^{35}$,$8 \times 2^{33} = 2^3 \times 2^{33} = 2^{36}$,

且 $2^{36} = (2^2)^{18} = 4^{18}$,也就是 $2^{35} < 8 \times 60$ 億 $< 2^{36} = 4^{18}$

故 4^{18} 個綠藻細胞比需要的 8×60 億個多,足夠製作 **8** 公克的「綠藻粉」

單元三　一元一次方程式

UNIT THREE

一元一次方程式

學習重點回顧

① **代數式：**由數字與符號組成的算式。例如：$2+a$、$b-3$、$4×c$、$d÷5$

- 乘號「$×$」可簡記為「$·$」，也可以省略。例如：$4×c$、$4·c$、$4c$ 的意義都相同。

- $1·x$ 可簡記為 x，$(-1)·x$ 可簡記成 $-x$

② **一次式：**在代數式中，若未知數（符號）的最高次方為一次方，則此代數式稱作一次式。例如：$2x+1-4x-5$ 中，未知數 x 的最高次方是一次方，故此代數式為一次式。

- 以加號隔開的數字或符號，稱作項。例如：$2x+1-4x-5=2x+1+(-4x)+(-5)$，其中 $2x$、1、$-4x$、-5 皆為此一次式的項。

- 若兩項所含的未知數相同，或都不含未知數（即數字），則此兩項稱作同類項。例如：$2x+1-4x-5$ 中，$2x$ 與 $-4x$、1 與 -5 為兩組同類項。

- 與未知數相乘的數字，稱作係數。例如：$2x$ 的係數為 2

- 同類項可進行化簡及合併。例如：$2x+1-4x-5$ 中，$2x$ 與 $-4x$ 為同類項，可化簡合併成 $[2+(-4)]x=-2x$。1 與 -5 為同類項，可化簡合併成 $1+(-5)=-4$。故此一次式可化簡為 $-2x-4$

③ **一元一次方程式：**在一次式中，若只有一種未知數，則稱作一元一次式。若算式含有等號，則稱作一元一次方程式。例如：$2x-5$ 為一元一次式，$2x-5=9$ 為一元一次方程式。

④ **一元一次方程式的解：**若將一元一次方程式中的未知數代入一數，使得等式依然成立，則此數稱作此一元一次方程式的解。例如：一元一次方程式 $2x-5=9$ 中，將 $x=7$ 代入，得到 $2×7-5=9$，則 7 稱作 $2x-5=9$ 的解。

❺ 一元一次方程式的解法：

- 等量公理：等式的左、右兩邊，同時加、減、乘、除一數（除數不為 0）時，等式依然成立。即 a、b 兩數滿足 a＝b 時，下列等式依然成立：
  - ▸ a＋c＝b＋c
  - ▸ a－c＝b－c
  - ▸ a×c＝b×c
  - ▸ a÷c＝b÷c，其中 c 不為 0

- 移項法則：將加、減運算的項，移到等式另一邊時，會變成原本的相反數；將乘、除運算的項，移到等式另一邊時，會變成原本的倒數。例如：x＋2＝5 中，將「2」移到等式另一邊，會變成「－2」，即 x＝5－2；4x＝24 中，將「4」移到等式另一邊，會變成「$\frac{1}{4}$」，即 x＝24×$\frac{1}{4}$

❻ 一元一次方程式的應用：

- 假設適當的未知數
- 依題意列出一元一次方程式
- 解一元一次方程式
- 回答題目問題（注意解的合理性）

數學知識檢核

代數式及其運算

( )① 下列選項中，何者所代表的數跟 $\frac{1}{2}x$ 相同？

A $\frac{1}{2}+x$

B $\frac{1}{2}-x$

C $\frac{1}{2}\times x$

D $\frac{1}{2}\div x$

② 請化簡下列各式：

一 $(x-6)\times 7=$ _____

二 $x\div\frac{5}{3}+x\times(-\frac{7}{15})=$ _____

三 $\frac{5x+2}{10}-\frac{2-5x}{25}=$ _____

③ 當 $x=4$ 時，一次式 $9x-6$ 的值為 _____

④ 某牌的飲料原價 x 元，近期店家推出促銷活動，任 2 瓶可享 8 折優惠。若姿君一次買這牌的飲料 3 瓶，則他共要付 _____ 元。

⑤ 1 盒餅乾分給 x 人，每人分到 4 包後，還剩下 2 包，則這盒共有 _____ 包餅乾。

一元一次方程式及其解

① 根據「x 的 6 倍再減 11 等於 59」列出的一元一次方程式為 _____

（　）② x＝－5 是下列哪個一元一次方程式的解？

　　Ⓐ 2x＝10

　　Ⓑ －3x－21＝－6

　　Ⓒ 4x＋8＝20

　　Ⓓ －5x＋17＝40

③ 解一元一次方程式 11x＋35＝57，得 x＝_____

④ 解一元一次方程式 8x－17＝－2x＋33，得 x＝_____

⑤ 解一元一次方程式 5(x＋7)＋2x＝－11－(2x＋14)，得 x＝_____

一元一次方程式的應用

① 某次段考，小光的數學成績是英文成績的 2 倍少 60 分，且 2 科成績合計為 150 分，則這次小光的數學成績是_____分，英文成績是_____分。

② 某咖啡廳 1 塊蛋糕跟 1 杯紅茶總共賣 360 元，蕾蕾共買了 4 塊蛋糕跟 3 杯紅茶，付了 1380 元，則 1 塊蛋糕_____元，1 杯紅茶_____元。

③ 小風騎腳踏車上、下學，已知某日他從家裡騎到學校的時速是 25 公里，下課從學校沿著相同路徑騎回家的時速是 15 公里，來回總共花了 24 分鐘，則這段從家到學校的路徑有_____公里。

④ 將一些麵包分裝到數個紙盒，若每盒裝 4 個麵包，則所有紙盒都裝滿了，還剩下 2 個麵包沒裝盒裡；若每盒裝 6 個麵包，則所有麵包都裝進紙盒了，但有 1 盒只裝了 2 個麵包。這裡總共有_____個麵包，_____個紙盒。

⑤ 媽媽想買 1 箱水果，售價是定價的 9 折。但媽媽想殺價，想以定價的 75 折買到。老闆回答：「如果我賣你定價的 9 折，只賺 100 元；賣你定價的 75 折，我還要賠 200 元。」則這箱水果的定價為_____元。

QUESTION 3-1
高矮胖瘦的建築物

　　每間建設公司都希望蓋的房子愈大愈好，才能賣愈多錢。然而，如果每棟房子都又高又大，不僅會遮住太陽，還會影響通風。因此，政府針對房子能蓋「多大」，有著嚴格的限制，稱為「建蔽率」。

　　建蔽率是「一棟建築物的投影面積遮住這塊土地面積的百分比」，因為不是每一棟房子都是四四方方的立方體，所以建築投影面積指的是，從正上方看下來，房子會占多少面積。政府規定各個區域（如：住宅區、商業區）可以容許的最大建蔽率，建商蓋房子時，不能超過這個規範。

　　粉紅豹剛來臺北建設公司上班，任務是要尋找能蓋新房的好土地。他發現，原來在建設公司上班需要懂這麼多數學。跟著粉紅豹一起來算看看吧！

(　) 01 今有一棟建築物的投影面積遮住了土地面積的一半。請問這個「一半」換算成百分比是多少？

A) 0.5%

B) 2%

C) 5%

D) 50%

(　) 02 粉紅豹回想，他老家是棟長方體建築物，一層樓是 40 坪，當初是蓋在 100 坪的土地上，請問這棟的建蔽率是多少？

A) 0.4%

B) 4%

C) 40%

D) 100%

( ) 03 粉紅豹終於找到一塊 80 坪的土地，不過因為此區規劃在住宅區[5]，為了維護附近的生態環境和居住品質，臺北市有規定，這一區的建蔽率**不能超過** 35%，粉紅豹的公司如果在這帶蓋 1 棟 1 層樓的平房，請問這棟房子最大可以蓋幾坪？

A) 28

B) 35

C) 52

D) 80

( ) 04 粉紅豹心想，房子不能蓋太大，那蓋高一點總可以吧！結果，聽前輩一說才知道，蓋幾層也有「容積率」的規定，是用「所有樓層的面積總和占了土地面積的百分比」來計算。承上題，這一區的容積率被規定最大只能到 120%，想改蓋成方方正正的大樓，又維持每層樓都蓋到最大坪數的情況下，請問粉紅豹的公司最高只能蓋幾層樓？

A) 2

B) 3

C) 4

D) 12

( ) 05 承上題，因為多蓋幾層就能多住幾戶住戶，粉紅豹想幫公司出點子，只要縮小每層樓的坪數，就可以再蓋高一點，如果公司想蓋到 6 層樓，請問一層樓最大只能有幾坪？

A) 6

B) 7

C) 14

D) 16

[5] 第一種住宅區：為維護最高之實質居住環境水準，專供建築獨立或雙併住宅為主，維持最低之人口密度與建築密度，並防止非住宅使用而劃定之住宅區。最大容許的建蔽率 35%，容積率 120%。

06 請根據建蔽率與容積率的定義，如果土地面積相同，請將四個選項對應會產生什麼樣（高矮胖瘦）的建築物填入。

	容積率高	容積率低
建蔽率高		
建蔽率低		

選項：(1) 胖高 (2) 胖矮 (3) 瘦高 (4) 瘦矮

題目資訊

內容領域 ○數與量(N) ○空間與形狀(S) ◉變化與關係(R) ○資料與不確定性(D)

數學歷程 ○形成 ○應用 ◉詮釋

情境脈絡 ○個人 ◉職業 ○社會 ○科學

學習重點

學習內容　A-7-3　一元一次方程式的解法與應用

學習表現　a-IV-2　理解一元一次方程式及其解的意義，能以等量公理與移項法則求解和驗算，並能運用到日常生活的情境解決問題

QUESTION 3-2
無限巧克力

　　YouTube 上有一則「無限巧克力」影片（請直接掃 QR code 觀看），在影片中切割後的巧克力經過重新排列，居然多出了 1 塊！到底怎麼回事？讓我們用數學來破解這個的魔術吧！

　　先假設該片巧克力為 20 塊一樣大小的巧克力塊所拼成的長條形巧克力，且每塊小巧克力的長與寬分別為 3 公分與 2 公分，如下圖一。根據切割後的結果，形成四塊大小不一的圖形，如下圖二。當將巧克力重組之後，會形成一個新的長方形，如圖三。

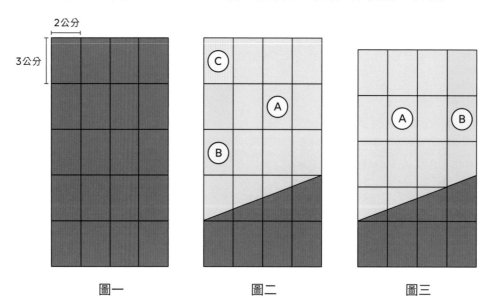

圖一　　　　　　　圖二　　　　　　　圖三

請根據上面的資訊，回答下列各題：

01　上列敘述中，你覺得會與哪些數學知識有關？請舉例說明。

　　◆ 說明：

（　　）02　依據圖二，請問切完第一刀後所形成的梯形（即 A＋B＋C）面積為何？

　　　A) 12 平方公分

　　　B) 21 平方公分

　　　C) 84 平方公分

　　　D) 168 平方公分

(　　) 03 請利用重新排列前後的兩個梯形之間面積差異（圖二的 A＋B＋C 與圖三的 A＋B），
算算看，圖三中梯形 B 的上底為何？

A) 2.25 公分

B) 4.5 公分

C) 8.25 公分

D) 10.5 公分

04 經過以上的運算，你發現魔術的破解原因了嗎？
請試著挑戰這一題，<u>小明</u>的第一刀換了一個方式切割，如圖四。
他認為重新排列後，一樣可以拼成一個新的長方形且剩下一塊，
請判斷<u>小明</u>的想法是否正確，並合理說明或詳細解釋你的看法。

是　　否

◆ 說明：

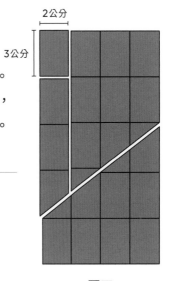

2公分

3公分

圖四

題目資訊

內容領域　○數與量(N)　○空間與形狀(S)　◉變化與關係(R)　○資料與不確定性(D)

數學歷程　○形成　○應用　◉詮釋

情境脈絡　◉個人　○職業　○社會　○科學

學習重點

學習內容　A-7-3　一元一次方程式的解法與應用

學習表現　a-IV-2 理解一元一次方程式及其解的意義，能以等量公理與移項法則求解和驗算，並能運用到日常生活的情境解決問題

QUESTION 3-3

生命之翼路跑大賽

俗稱「跑給車追」的「生命之翼路跑賽 (Wings for Life World Run)」是一場很有特色的路跑賽事。它沒有固定的終點線，是由一台名為終結者號的車子在比賽中追趕跑者，只要被終結者號追上，該名跑者便結束比賽。而最後一位被追上的倖存者，就是該場比賽的冠軍。

詳細的比賽規則如下：選手們在鳴槍出發 30 分鐘後，終結者號從起點出發，每 1 小時增加速度，最高可達 35 公里 / 小時。表一是一場從晚間 19:00 開賽的終結者號速度規則：

表一　終結者號速度規則

時間	速度規則
19:00	鳴槍，選手出發
19:30	終結者號車出發，車速 15 公里 / 小時
20:30	車速增為 16 公里 / 小時
21:30	車速增為 17 公里 / 小時
22:30	車速增為 20 公里 / 小時
24:30	車速增為 35 公里 / 小時

(　) 01 請問終結者號在 21:45 時的時速為多少？

A) 15 公里/小時

B) 16 公里/小時

C) 17 公里/小時

D) 20 公里/小時

(　) 02 請問 20:30 時，終結者號約已跑了多遠的距離？

A) 15 公里

B) 16 公里

C) 17 公里

D) 20 公里

(　) 03 <u>小恩</u>參與了本次的賽事，19:00 鳴槍時準時通過起點出發，他戴著提供跑步狀況的運動手錶，顯示每公里平均已跑的時間。已知<u>小恩</u>在整個賽事中，穩定維持每公里 5 分鐘的速度跑著，請問 20:30 時他已跑了多遠的距離？

A）12 公里

B）15 公里

C）18 公里

D）20 公里

04 承上題，<u>小恩</u>期許自己跑到 20 公里以上才被<u>終結者號</u>追上，中間沒有花費多餘的時間休息，請問他是否能達成目標，以及他實際被追到時完成了大約多少公里？請合理說明或詳細解釋你的看法。

是　　否　　他被追到時完成了　　　　公里

◆ 說明：

題目資訊

內容領域	○數與量(N)　○空間與形狀(S)　◉變化與關係(R)　○資料與不確定性(D)

數學歷程	○形成　◉應用　○詮釋

情境脈絡	◉個人　○職業　○社會　○科學

學習重點	學習內容	A-7-3 一元一次方程式的解法與應用
	學習表現	a-IV-2 理解一元一次方程式及其解的意義，能以等量公理與移項法則求解和驗算，並能運用到日常生活的情境解決問題

與本題更多相關情境題目，同步收錄在康軒國中數學

疫苗保護力

　　新聞報導中講到新冠疫苗的「保護力多少 %」到底是什麼意思呢？其實，疫苗就像遊戲裡的防禦藥水，打疫苗後更能抵抗病毒。而保護力代表的是「和沒打疫苗的人比起來，有打疫苗的人生病風險降低了多少」。比方說，輝瑞疫苗的保護力為 95%，就代表打了輝瑞疫苗的人，生病風險比沒打疫苗的人降低了 95%。

　　疫苗試驗中，研究人員隨機給受試者打疫苗或安慰劑（即沒打疫苗），並根據是否有打疫苗，將受試者分成「疫苗組」與「安慰劑組」，過一段時間後觀察兩組各有多少人罹患疾病，再根據以下計算方法，求得該疫苗的保護力：

$$保護力 = \frac{（安慰劑組感染率 - 疫苗組感染率）}{安慰劑組的感染率}$$

　　其中同一組內的感染率，是根據該組感染疾病（即確診）人數占該組所有人數的比例來求得。

　　我們用實際疫苗試驗的流程，假設一個 AX 疫苗作為例子，來一起探討疫苗保護力吧！

01 「95% 換算成小數等於 9.5。」請問此描述是否正確？

　　　　是　　否

（　）02 在 AX 疫苗試驗中，安慰劑組有 20000 人，最後有 170 人確診，請問該病的感染率是百分之多少？

A) 8.5%

B) 0.85%

C) 0.085%

D) 0.0085%

（　）03 承上題，疫苗組也有 20000 人，最後疫苗組只有 9 人確診。請問 AX 本次疫苗試驗的疫苗保護力約為多少？

A) 5%

B) 45%

C) 85%

D) 95%

(　　) 04 AX 疫苗在第一次試驗中發現疫苗很有效，決定擴大第二次試驗的人數。他們總共找了 72000 名受試者，而疫苗組和安慰劑組人數一樣各占一半。根據 2、3 題的數據，先假設 AX 的疫苗保護力與前一次相當，以及安慰劑組的感染率不會改變，請問可預測本次疫苗組應約有多少人感染呢？

A) 15 ～ 17

B) 30 ～ 32

C) 45 ～ 47

D) 60 ～ 62

延伸補充　承上題，然而後來測出的結果是「疫苗組的狀況持平，但是安慰劑組的感染率上升了」，請問 AX 疫苗的保護力是上升還是下降了？請合理說明或詳細解釋你的想法。

上升　　下降

◆ 說明：

1
延伸學習

2
延伸學習

題目資訊

內容領域 ○數與量(N) ○空間與形狀(S) ◉變化與關係(R) ○資料與不確定性(D)

數學歷程 ○形成 ○應用 ◉詮釋

情境脈絡 ○個人 ○職業 ○社會 ◉科學

學習重點

學習內容　A-7-3　一元一次方程式的解法與應用

學習表現　a-IV-2　理解一元一次方程式及其解的意義，能以等量公理與移項法則求解和驗算，並能運用到日常生活的情境解決問題。

PREVIOUS EXAM

歷屆會考考題

107 年會考選擇題第 10 題

圖（二）為大興電器行的促銷活動傳單，已知促銷第一天美食牌微波爐賣出 **10** 台，且其銷售額為 **61000** 元。若活動期間此款微波爐總共賣出 **50** 台，則其總銷售額為多少元？

(A) 305000

(B) 321000

(C) 329000

(D) 342000

答：(C)

圖（二）

108 年會考選擇題第 20 題

某旅行團到森林遊樂區參觀，表（一）為兩種參觀方式與所需的纜車費用。已知旅行團的每個人皆從這兩種方式中選擇一種，且去程有 **15** 人搭乘纜車，回程有 **10** 人搭乘纜車。若他們纜車費用的總花費為 **4100** 元，則此旅行團共有多少人？

(A) **16**

(B) **19**

(C) **22**

(D) **25**

答：(A)

表（一）

參觀方式	纜車費用
去程及回程均搭乘纜車	300元
單程搭乘纜車，單程步行	200元

108 年會考非選擇題第 1 題

市面上販售的防曬產品標有防曬係數 SPF，而其對抗紫外線的防護率算法為

$$防護率 = \frac{SPF-1}{SPF} \times 100\%，其中 SPF \geq 1$$

請回答下列問題：

(1) 廠商宣稱開發出防護率 90% 的產品，請問該產品的 SPF 應標示為多少？

(2) 某防曬產品文宣內容如圖(二十)所示。

圖(二十)

請根據 SPF 與防護率的轉換公式，判斷此文宣內容是否合理，並詳細解釋或完整寫出你的理由。

參考答案：

(1) 設 SPF 為 x

$$0.9 = \frac{x-1}{x}$$

$$0.9x = x - 1$$

$$0.1x = 1$$

$$x = 10$$

(2) 第一代產品的防護率為 $\dfrac{25-1}{25} \times 100\% = 96\%$

第二代產品的防護率為 $\dfrac{50-1}{50} \times 100\% = 98\%$

因為 $96\% \times 2 \neq 98\%$，所以此份文宣不合理。

109 年會考選擇題第 14 題

圖 (六) 為<u>朵朵披薩屋</u>的公告。若一個<u>夏威夷</u>披薩調漲前的售價為 x 元,則會員購買一個<u>夏威夷</u>披薩的花費,公告前後相差多少元?

(A) 0.05x

(B) 0.09x

(C) 0.14x

(D) 0.15x

答:(C)

公告

因近期食材成本提高,故即日起

1. 披薩售價皆調漲 **10%**。
2. 會員結帳優惠從打八五折調整為打九折。

圖 (六)

109 年補考選擇題第 8 題

圖 (二) 為<u>小豪</u>到超商購買飲料的經過。

圖 (二)

若每瓶汽水的原價為 a 元,則根據圖中的內容可列出下列哪一個方程式?

(A) 2a ＋ 18 ＝ 3a × 0.8

(B) 2a － 18 ＝ 3a × 0.8

(C) 2a × 0.9 ＋ 18 ＝ 3a × 0.8

(D) 2a × 0.9 － 18 ＝ 3a × 0.8

答:(C)

110 年會考選擇題第 16 題

圖 (六) 為某超商促銷活動的內容，今阿賢到該超商拿相差 4 元的 2 種飯糰各 1 個結帳時，店員說：「要不要多買 2 瓶指定飲料？搭配促銷活動後 2 組優惠價的金額，只比你買 2 個飯糰的金額多 30 元。」若阿賢只多買 1 瓶指定飲料，且店員會以對消費者最便宜的方式結帳，則與原本只買 2 個飯糰相比，他要多付多少元？

(A) 12

(B) 13

(C) 15

(D) 16

答：(B)

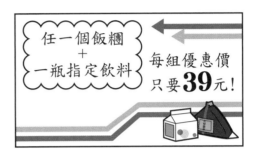

圖 (六)

110 年補考選擇題第 12 題

圖 (五) 是阿梅與肉粽店老闆的對話情形。

圖 (五)

若每顆肉粽折扣前的價錢均相同，則根據圖中的內容，判斷每顆肉粽折扣前的價錢為多少元？

(A) 32

(B) 33

(C) 34

(D) 35

答：(D)

111 年會考選擇題第 11 題

根據圖（三）中兩人的對話紀錄，求出哥哥買遊戲機的預算為多少元？

(A) **3800**

(B) **4800**

(C) **5800**

(D) **6800**

答：(C)

圖（三）

111 年參考題本選擇題第 24 題

一般使用 **C** 字形視力表測量視力時，受試者站在表前 **5** 公尺，並指出表中 **C** 字形的缺口方向。表上同一列 **C** 字形的缺口間距皆相同，而此時受試者能看清楚缺口方向的最小 **C** 字形，其左側對應的數值 **V** 即為受試者的視力，如圖 (十一) 所示。

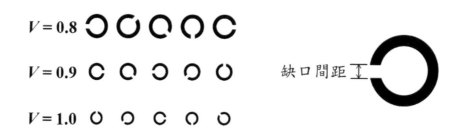

圖（十一）

已知表中 **C** 字形的缺口間距 **Y** 毫米與左側的視力 **V** 滿足下列關係式

$$V \cdot Y = 1.5$$

C 字形視力表中，與 **V = 0.6** 同一列上的 **C** 字形，其缺口間距為多少毫米？

(A) **0.4**

(B) **0.6**

(C) **1.5**

(D) **2.5**

答：(D)

數感實驗室
NUMERACY LAB

爸媽越教
孩子成績 越差?!

孩子還在小學階段時，爸媽多半會幫看看孩子的功課。照理來說，有父母的客製化指導，理當成績會有所進步。然而，幾年前有項研究發現一件殘酷的事實：某些父母花越多時間指導，孩子的數學成績反而越差。

研究中這麼說：「在缺少對數學的正面態度[註] (positive math attitude) 的前提下，儘管父母立意良好，願意指導孩子寫作業，但這項舉動卻適得其反 (backfire)，對孩子的數學成就有著負面影響。」

研究針對四百多組低年級家庭，進行長達一年的調查，包括學年初、學年末孩子的數學成績比較，以及學年中調查家長的數學焦慮程度。研究發現，當父母有嚴重數學焦慮時，父母越幫助孩子寫回家作業，孩子成績會越差。

明明小學數學難不倒爸媽，為什麼會有這種讓人喪氣的「越教越差」結果呢？研究發現，這可能是因為數學焦慮的父母在不經意間做了以下幾件事：

❶ 讓孩子感受到自己討厭數學、認為數學沒用等想法。

❷ 當孩子表現不好時，有數學焦慮的父母較容易沒耐心，或流露出挫折感。

❸ 當父母有數學焦慮時，較傾向使用固定的思考模式與解題策略，若和學校老師的解法不同，雙方又各持己見時，孩子就會感到困擾。

這項研究結果乍看之下還真是令人喪氣，明明是為了孩子好，到頭來卻好像害了孩子。不過，千萬別灰心，其實只要我們為人父母不害怕數學，能對數學具備正面、積極的態度，或是在教導孩子時，能先具備一些簡單的教學知識，引導技巧，這樣應該就能避免越教越差的狀況。數學差不一定是「遺傳」，更有可能是後天不經意的互動所造成的負面影響。只要是後天因素，就是我們能一起克服的。

註：用更學術一點的說法就是，這些父母患有數學焦慮，例如害怕、討厭、認為不實用等等對數學的負面態度。

參考資料：Maloney EA, Ramirez G, Gunderson EA, Levine SC, Beilock SL. Intergenerational Effects of Parents' Math Anxiety on Children's Math Achievement and Anxiety. Psychological Science. 2015;26(9):1480-1488

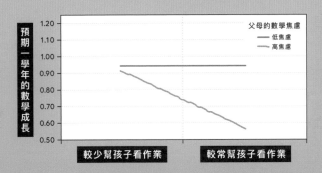

父母的數學焦慮
— 低焦慮
— 高焦慮

縱軸：預期一學年的數學成長（1.20, 1.10, 1.00, 0.90, 0.80, 0.70, 0.60, 0.50）
橫軸：較少幫孩子看作業　較常幫孩子看作業

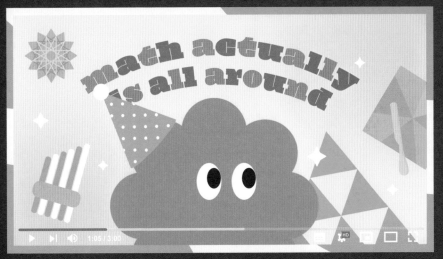

#按讚 #訂閱 #開啟小鈴鐺
最有趣的數學實驗、數感沙龍、數學家故事，都在數感實驗室 Youtube 頻道！

數感實驗室 NUMERACY LAB　訂閱

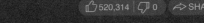
520,314 | 0　SHARE

用一張 A4 紙告訴你什麼是 Ct 值？

素養教育｜學好數學的 6 個關鍵！史丹佛學者的學習方法

每看必哭！史上最強單親媽媽，瑪麗布爾的數學家故事

切蛋糕｜正方形蛋糕切法大對決！數學家都這樣切？

掃描觀看更多精彩熱門影片
讓我們帶你認識不一樣的數學

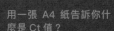

數感 FN2013

數學素養
題型 （七上）

作　　　者　數感實驗室
主　　　編　賴以威
協力編輯　廖珮妤、陳韋樺、鄭淑文、謝至平
行銷業務　陳彩玉、林詩玟、李振東
視覺統籌　郭豫君
美術設計　數感實驗室設計團隊 Numeracy Design Lab

發 行 人　涂玉雲
編輯總監　劉麗真
出　　版　臉譜出版
　　　　　城邦文化事業股份有限公司
　　　　　台北市民生東路二段 141 號 5 樓
　　　　　電話：886-2-25007696　傳真：886-2-25001952

發　　行　英屬蓋曼群島商家庭傳媒股份有限公司城邦分公司
　　　　　台北市中山區民生東路 141 號 11 樓
　　　　　客服專線：02-25007718；25007719
　　　　　24 小時傳真專線：02-25001990；25001991
　　　　　服務時間：週一至週五上午 09:30-12:00；下午 13:30-17:00
　　　　　劃撥帳號：19863813 戶名：書虫股份有限公司
　　　　　讀者服務信箱：service@readingclub.com.tw
　　　　　城邦網址：http://www.cite.com.tw

香港發行所　城邦（香港）出版集團有限公司
　　　　　　香港灣仔駱克道 193 號東超商業中心 1 樓
　　　　　　電話：852-25086231　傳真：852-25789337

新馬發行所　城邦（新、馬）出版集團
　　　　　　Cite（M）Sdn. Bhd.（458372U）
　　　　　　41-3, Jalan Radin Anum, Bandar Baru Sri Petaling,
　　　　　　57000 Kuala Lumpur, Malaysia.
　　　　　　電話：+6(03)-90563833
　　　　　　傳真：+6(03)-90576622
　　　　　　電子信箱：services@cite.my

一版一刷　2023 年 7 月
ISBN 978-626-315-316-5
售價：400 元（本書如有缺頁、破損、倒裝，請寄回更換）

Facebook　YouTube

歡迎按讚我們的 Facebook 粉絲頁
還有訂閱 YouTube 頻道
讓我們帶你認識不一樣的數學！

數感實驗室

數學素養
題型　七上解答

由貼近生活的科普文章轉化成數學題組
符合108課綱精神的數學素養學習教材

數感實驗室／編著

MATHEMATICAL
LITERACY

目錄 CONTENTS

整數的運算

1 UNIT

數學知識檢核 …………………………………………… 2

1-1　凱撒密碼 ……………………………………… 6

1-2　高鐵票價 ……………………………………… 8

1-3　毅力號彩蛋 …………………………………… 9

1-4　破解密碼 ……………………………………… 10

分數的運算

2 UNIT

數學知識檢核 …………………………………………… 11

2-1　7 的魔法陣 …………………………………… 15

2-2　神聖數字369 ………………………………… 16

2-3　雞塊怎麼點 …………………………………… 17

2-4　完美數與親和數 ……………………………… 18

2-5　孔子生日 ……………………………………… 20

2-6　13月亮曆 ……………………………………… 21

2-7　Ct值的奧秘 …………………………………… 22

一元一次方程式

3 UNIT

數學知識檢核 …………………………………………… 23

3-1　高矮胖瘦的建築物 …………………………… 27

3-2　無限巧克力 …………………………………… 28

3-3　生命之翼路跑大賽 …………………………… 30

3-4　疫苗保護力 …………………………………… 32

【數學知識檢核】

● **正數與負數**

① −3 時區

因為往東記為正，所以往西是相反的方向，記為負。

又相距多少個時區，數字就記多少，故<u>阿根廷應記為 −3 時區</u>。

② D

整數包含正整數、0、負整數。

而 3.9 為小數，故不是整數。

③ $A(-3)$、$B(-1.6)$、$C(-0.5)$、$D(0.75)$、$E\left(2\frac{1}{3}\right)$

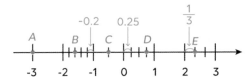

A 點剛好在整數 −3 的位置，故 A 點的坐標為 −3

B 點落在 −1、−2 之間，且此 1 單位分成五等分，每等分相當於 0.2 單位長，但落在負向，故 B 點的坐標為 $-1 - (0.2 \times 3) = -1.6$

C 點落在 0、−1 之間，且此 1 單位分成兩等分，每等分相當於 0.5 單位長，但落在負向，故 C 點的坐標為 $0 - (0.5 \times 1) = -0.5$

D 點落在 0、1 之間，且此 1 單位分成四等分，每等分相當於 0.25 單位長，又落在正向，故 D 點的坐標為 $0 + (0.25 \times 3) = 0.75$

E 點落在 2、3 之間，且此 1 單位分成三等分，每等分相當於 $\frac{1}{3}$ 單位長，又落在正向，故 E 點的坐標為 $2 + \left(\frac{1}{3} \times 1\right) = 2\frac{1}{3}$

④ $-|-7|$、-2.4、$3\frac{1}{4}$、$|-5|$、$|6|$

因為 $|-5| = 5$，$-|-7| = -7$，$|6| = 6$

所以這些數由小到大排列應為 $-|-7|$、-2.4、$3\frac{1}{4}$、$|-5|$、$|6|$

⑤ B

  (A) 不一定。若 n 為負數，則 $-n$ 就會是正數

  (B) 無論 n 是正數或負數，n 與 $-n$ 都互為相反數，所以 $-n$ 的相反數就是
     $-(-n) = n$

  (C) 因為 $-n+1$ 表示將 $-n$ 往正向 1 單位，比 $-n$ 更靠近正向，故應為
     $-n+1 > -n$

  (D) 無論 n 是正數或負數，$|-n|$、$|n|$ 分別表示 $-n$、n 與原點 0 的距離，都會是 n，
     故應為 $|-n| = |n|$

● **正負數的運算**

① （一）$(-35) + 11 = 11 + (-35) = 11 - 35 = -24$
  （二）$6.24 - (-3.14) + (-0.13) = 6.24 + 3.14 - 0.13 = 9.25$

② （一）$36 \times (-0.5) = 36 \times (-1) \times 0.5 = (-1) \times 36 \times 0.5 = -18$
  （二）$(-10.24) \div (-32) \times 8 = (-1) \times 10.24 \div [(-1) \times 32] \times 8$
$$= 10.24 \div 32 \times 8$$
$$= 2.56$$

③ A、B 之間距離 $= |-10.4 - (-0.4)| = |-10.4 + 0.4| = |-10| = 10$
  B、C 之間距離 $= |-0.4 - 3.6| = |-4| = 4$
  A、C 之間距離 $= |-10.4 - 3.6| = |-14| = 14$

④ 70 或 -20

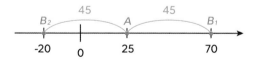

從上圖的數線可知，與 $A(25)$ 相距 45 的可能有 2 種：

往正向（B_1）：$25 + 45 = 70$

往負向（B_2）：$25 - 45 = -20$

⑤ 600 元

依題意，「提領」是要從帳戶減去對應的金額，「存」則是將對應的金額加回帳戶的錢，所以根據這 5 天的存、提款情況，可求得<u>小米</u>郵局帳戶的金額還有

$(500 - 150 - 50 - 100 + 1000) \times 0.5 = 1200 \times 0.5 = 600$ 元

● **指數與科學記號**

① (一) $13 \times 13 \times 13 \times 13 \times 13 \times 13 = 13^6$

(二) $(-66) \times (-66) \times (-66) \times (-66) = (-66)^4$

② (一) $5^4 = 5 \times 5 \times 5 \times 5 = 625$

(二) $-7^3 = -(7 \times 7 \times 7) = -343$

③ (一) $10 - 3^2 \times (-2^3) = 10 - 3 \times 3 \times [-(2 \times 2 \times 2)]$
$$= 10 - 9 \times (-8)$$
$$= 10 + 72$$
$$= 82$$

(二) $2^5 + (-4)^3 \div 8 = 2 \times 2 \times 2 \times 2 \times 2 + (-4) \times (-4) \times (-4) \div 8$
$$= 32 + (-64) \div 8$$
$$= 32 - 8$$
$$= 24$$

④ (一) 9 位數

$7.2 \times 10^8 = 720000000$，它是 9 位數。

(二) 小數點後第 5 位開始出現不為 0 的數

$1.9 \times 10^{-5} = 0.000019$，它從小數點後第 5 位開始出現不為 0 的數。

⑤ (一) $8^{20} > 8^{15}$

因為底數為正，且大於 1，故指數愈大，其值愈大，推得 $8^{20} > 8^{15}$

(二) $0.47^{32} < 0.47^{11}$

因為底數為正，且小於 1，故指數愈大，其值愈小，推得 $0.47^{32} < 0.47^{11}$

(三) $6.1 \times 10^9 > 9.2 \times 10^5$

因為兩數中 10 的指數部分，$9 > 5$，故$6.1 \times 10^9 > 9.2 \times 10^5$

(四) $3.4 \times 10^{-7} < 5.5 \times 10^{-7}$

因為兩數中 10 的指數部分相等，且$3.4 < 5.5$，故 $3.4 \times 10^{-7} < 5.5 \times 10^{-7}$

【凱撒密碼】

影音詳解：

1.　B

由表一可以看到，字母 M 的下方對應到的是數字 13

2.　D

愛德華和阿爾馮斯的約定是將原本的英文字母所對應的數字加 10，因此若要將字母 M 依約定轉換：

(1)M 對應到 13

(2)13 + 10 = 23

(3)從表一找到數字 23，即可知道與它對應的字母：W

3.　是

把文字轉換成密碼時要 +10，所以把密碼轉換回原來的訊息時要 −10

先解 Y：

(1)Y 對應到 25

(2)25 − 10 = 15

(3)從表一找到數字 15，即可知道與它對應的字母是 O

用同樣的方式解 U：U 對應到 21，21 − 10 = 11，可知到對應的字母是 K

兩者合起來，YU 解密後代表的就是 OK

4.　D

B 對應到 2，2 − 10 = −8

因為是負數，所以要 +26

(−8) + 26 = 18

從表一找到數字 18，即可知道他對應的字母是 R

5.　D

因為<u>凱撒</u>密碼是透過字母的平移去產生的，

比方說移 1 格[+1]、移 2 格[+2]、……以此類推（兩兄弟的密碼就是移 10 格[+10]）。

而字母只有 26 個，「移 26 格」相當於沒有移動，不能算進去。

所以有 25 種對應方式，也就是「移 1 格」到「移 25 格」這幾種。

也就是說，師父只要把這 25 種都試過就可以了。

【高鐵票價】

影音詳解：

1. 是

表一的里程位置是以松山站為里程原點來表示，所以左營所在的位置即表示它到里程原點的距離是 345.2 公里。

2. D

將高鐵各站放到數線上，以里程原點（即松山站）為原點，往左營的方向為正向，我們可以將各站的里程位置視為數線上的點，因此，要計算兩站之間的距離，只要將兩點之間的差取絕對值即可。

再根據絕對值的運算，即可求得正確的式子為 $|-3.3 - 5.9|$

3. 是

$345.2 - (-3.3) = 348.5$ 公里

$4.4 \times 348.5 = 1533.4$ 元

票價為 1530 元，便宜了約 3 元，符合高鐵與交通部的協議。

4.

(1)南港到臺北的站距為 9.2 公里，$40 \div 9.2 \fallingdotseq 4.35$

(2)臺北到板橋的站距為 7.2 公里，$40 \div 7.2 \fallingdotseq 5.56 > 4.4$

(3)南港到板橋的站距為 16.4 公里，$70 \div 16.4 \fallingdotseq 4.27$

所以，臺北到板橋的車票價格超過高鐵與交通局協議的票價。

【毅力號彩蛋】

影音詳解：

1. A

因為二進位碼是只用 0、1 表示數字的一種方式，故 2、4、6 都不可能出現。

2. C

若要將 0000000100 轉換成十進位，就是

$1 \times 2^2 + 0 \times 2^1 + 0 \times 2^0 = 4 + 0 + 0 = 4$

（左方的 0 可以像十進位一樣忽略不計算）

3. D

第三組二進位碼為 0000010010，換為十進位是

$1 \times 2^4 + 0 \times 2^3 + 0 \times 2^2 + 1 \times 2^1 + 0 \times 2^0 = 16 + 2 = 18$

再轉換為英文字母 R。

4. C

這三圈分別可以得到以下數字：

4、1、18、5

13、9、7、8、20、25

20、8、9、14、7、19

再依序換成字母，會得到

D、A、R、E

M、I、G、H、T、Y

T、H、I、N、G、S

5. B

如果要表示最後一個英文字母 Z，也就是數字 26，

用二進位表示法可以轉換成 11010（$26 = 1 \times 2^4 + 1 \times 2^3 + 0 \times 2^2 + 1 \times 2^1 + 0 \times 2^0$）

因此，最多只需要 5 塊傘布就能表示（例如 11010→藍藍白藍白）。

【破解密碼】

影音詳解：

1. A

$(21 + 3) \div 12 = 2$，查表對應為 B。

2. B

$L = 12$，$12 \times 12 - 3 = 141$

$A = 1$，$1 \times 12 - 3 = 9$

$K = 11$，$11 \times 12 - 3 = 129$

$E = 5$，$5 \times 12 - 3 = 57$

故密碼 $= (141, 9, 129, 57)$

3. 否

因為規則已限制為整數，而 C 在經過加密後數字變大了，因此絕對不可能是使用除法加密（因為除以整數不可能會變大）。

4.

從題目可以發現，$38 - 16 = 22$，$60 - 38 = 22$，而 AC 中間隔了 1 個字母，CE 中間隔了 1 個字母，所以可以找到每個字母的間隔變化是 11，

但 A 原本代表的數字是 1，卻被變換成 16，而非 11，

代表另外還要再加上 $16 - 11 = 5$

以 C 和 E 驗證，$C = 3 \times 11 + 5 = 38$，$E = 5 \times 11 + 5 = 60$，皆和題目吻合，

故規則為：字母對應數字 $\times 11 + 5 =$ 加密後的數字。

單元二

● **因數與倍數**

① 168 的所有因數有：1, 2, 3 ,4 ,6, 7, 8, 12, 14, 21, 24, 28, 42, 56, 84, 168

② C

  (A) 11408 的奇數位數字和 $= 1 + 4 + 8 = 13$，偶數位數字和 $= 1 + 0 = 1$
     兩者相差 12，不是 0 或 11 的倍數，故此數不是 11 的倍數

  (B) 15926 的奇數位數字和 $= 1 + 9 + 6 = 16$，偶數位數字和 $= 5 + 2 = 7$
     兩者相差 9，不是 0 或 11 的倍數，故此數不是 11 的倍數

  (C) 22737 的奇數位數字和 $= 2 + 7 + 7 = 16$，偶數位數字和 $= 2 + 3 = 5$
     兩者相差 11，是 11 的倍數，故此數是 11 的倍數

  (D) 27395 的奇數位數字和 $= 2 + 3 + 5 = 10$，偶數位數字和 $= 7 + 9 = 16$
     兩者相差 6，不是 0 或 11 的倍數，故此數不是 11 的倍數

③ 勾選的結果如下表所示。

	42	51	110	242
2 的倍數	✓		✓	✓
3 的倍數	✓	✓		
5 的倍數			✓	
11 的倍數			✓	✓

42：個位數為 2，各位數字和 $= 2 + 4 = 6$ 是 3 的倍數，故此數為 2、3 的倍數

51：各位數字和 $= 5 + 1 = 6$ 是 3 的倍數，故此數為 3 的倍數

110：個位數為 0，奇數位數字和跟偶數位數字和相差 $= (1 + 0) - 1 = 0$，故此數
     為 2、5、11 的倍數

242：個位數為 2，奇數位數字和跟偶數位數字和相差 $= (2 + 2) - 4 = 0$，故此數
     為 2、11 的倍數

● **質數與合數**

① C

因為 63 的因數除了 1 跟自己以外，還有 3、7、9、21，故此數不是質數。

② 72 的因數有：1, 2, 3, 4, 6, 8, 9, 12, 18, 24, 36, 72

　當中同時為質數的，即為質因數：2、3

③ (1) $45 = 3 \times 3 \times 5 = 3^2 \times 5$

　(2) $5800 = 2 \times 2 \times 2 \times 5 \times 5 \times 29 = 2^3 \times 5^2 \times 29$

● **最大公因數與最小公倍數**

① (一) 8

　　根據短除法，可得 $(24, 56) = 2 \times 2 \times 2 = 8$

$$
\begin{array}{r|rr}
2 & 24 & 56 \\
2 & 12 & 28 \\
2 & 6 & 14 \\
\hline
& 3 & 7
\end{array}
$$

(二) 34

　　根據短除法，可得 $(136, 170) = 2 \times 17 = 34$

$$
\begin{array}{r|rr}
2 & 136 & 170 \\
17 & 68 & 85 \\
\hline
& 4 & 5
\end{array}
$$

② (一) 252

　　根據短除法，可得 $[63, 84] = 252$

$$
\begin{array}{r|rr}
3 & 63 & 84 \\
7 & 21 & 28 \\
\hline
& 3 & 4
\end{array}
$$

(二) 600

　　根據短除法，可得 $[75, 120] = 600$

$$
\begin{array}{r|rr}
3 & 75 & 120 \\
5 & 25 & 40 \\
\hline
& 5 & 8
\end{array}
$$

③ 最大公因數為 $2^2 \times 7$，最小公倍數為 $2^3 \times 7^2 \times 11$

$196 = 2^2 \times 7^2$，$616 = 2^3 \times 7 \times 11$

兩數的最大公因數，應找出共同的質因數，並分別取最小的指數，即 $2^2 \times 7$

兩數的最小公倍數，應列出所有的質因數，並分別取最大的指數，即 $2^3 \times 7^2 \times 11$

④ 20 班

因為每個班級的男生人數相同，每個班級的女生人數也相同，

所以男、女生都要均分到每個班級，即班級數應為男、女人數的公因數。

又要分成最多班級，所以要取男、女生人數的最大公因數。

故最多可以分成 $(180, 140) = 20$ 班

⑤ 51 盒蘋果禮盒，17 盒橘子禮盒

因為要買到一樣多顆的蘋果跟橘子，且 1 盒蘋果禮盒有 2 顆蘋果，1 盒橘子禮盒有 6 顆橘子，所以想買的蘋果與橘子顆數應為 2、6 的公倍數。

又 $[2, 6] = 6$，且蘋果、橘子各至少要 100 顆，故需要取公倍數 $= 6 \times 17 = 102$，

故至少需要蘋果禮盒 $102 \div 2 = 51$ 盒、橘子禮盒 $102 \div 6 = 17$ 盒。

● **指數律與數的運算**

① (一) $4^2 \times 4^8 = 4^{2+8} = 4^{10}$，故 □ $= 10$

(二) $7^{12} \div 7^3 = 7^{12-3} = 7^9$，故 □ $= 9$

(三) $\left[\left(-\frac{10}{3}\right)^5\right]^2 = \left(-\frac{10}{3}\right)^{5 \times 2} = \left(-\frac{10}{3}\right)^{10}$，故 □ $= 10$

② (一) $10^3 \times 12^2 \div 15^2 = (2 \times 5)^3 \times (2^2 \times 3)^2 \div (3 \times 5)^2$

$= 2^3 \times 5^3 \times (2^2)^2 \times 3^2 \div [3^2 \times 5^2]$

$= (2^3 \times 2^4) \times (3^2 \div 3^2) \times (5^3 \div 5^2)$

$= 2^7 \times 5$

$= 640$

(二) $9^4 \div 3^3 \times 2^5 = (3^2)^4 \div 3^3 \times 2^5 = (3^8 \div 3^3) \times 2^5$

$$= 3^5 \times 2^5$$
$$= (3 \times 2)^5$$
$$= 6^5$$
$$= 7776$$

③ $-\dfrac{13}{9}$

因為 $-\dfrac{9}{13}$ 與它的倒數相乘結果為 1，且 $\left(-\dfrac{9}{13}\right) \times \left(-\dfrac{13}{9}\right) = 1$

故 $-\dfrac{9}{13}$ 的倒數為 $-\dfrac{13}{9}$

④ (一) $\left(\dfrac{5}{4}\right)^2 \div \left(\dfrac{3}{2}\right)^3 + \left(-\dfrac{11}{6}\right) = \dfrac{5^2}{4^2} \div \dfrac{3^3}{2^3} - \dfrac{11}{6} = \dfrac{5^2}{2^4} \times \dfrac{2^3}{3^3} - \dfrac{11}{6} = \dfrac{25}{54} - \dfrac{11}{6} = -\dfrac{37}{27}$

(二) $1 - \left(-\dfrac{2}{7}\right)^3 \times \dfrac{63}{16} = 1 - \dfrac{(-2)^3}{7^3} \times \dfrac{3^2 \times 7}{2^4} = 1 + \dfrac{3^2}{7^2 \times 2} = \dfrac{107}{98}$

【7 的魔法陣】

影音詳解：

1. A

8641199 最高位值的數字就是最左邊的 8，代表的是 8 百萬。

2. C

沿黑色箭頭前進 8 步來到圈圈 1，再沿著綠色箭頭，即可走到圈圈 3

3. B

承上題，第二高位值的數字是 6，

因此從圈圈 3 再往前 6 步，來到圈圈 2，再沿著綠色箭頭，走到圈圈 6

4. 是

由左到右執行所有步驟，各數字分別停留的圈圈為

8→圈圈 3

6→圈圈 6

4→圈圈 2

1→圈圈 2

1→圈圈 2

9→圈圈 5

9→圈圈 YES

執行所有步驟後，會停留在 YES，可知此數即為 7 的倍數。

【神聖數字 369】

影音詳解：

1.　D

第一次分裂，1 個細胞會變成 2 個細胞。

第二次分裂，會變成 $2 \times 2 = 4$ 個細胞。

2.　D

承上題，下一次分裂完的數量，都會是上一次的兩倍，所以可以寫出以下數列：

1, 2, 4, 8, 16, 32, 64, ...

每個數字都是前一個的兩倍。

接著從數列中就可以發現，32 符合題目條件。

3.　A

承上題，前六次加上最一開始為 1, 2, 4, 8, 16, 32, 64

因為 16、32、64 都不只有一位數，所以要把每個位數相加，則變成

$1, 2, 4, 8, 1 + 6 = 7, 3 + 2 = 5, 6 + 4 = 10$，而其中 $6 + 4 = 10$，還不是一位數，

因此再次相加，$1 + 0 = 1$

最終答案為 1, 2, 4, 8, 7, 5, 1

4.

因為細胞分裂的數目永遠是 2 的次方，這些數目都不會被 3 整除，所以根據 3 的倍數判別法，它們的位數和不可能被 3 整除。

因此，根據 2 的次方本身的特性，細胞分裂數量的位數和，本來就不會出現 3、6、9

【雞塊怎麼點】

影音詳解：

1.　否

5 沒有辦法用 6、9 或 20 加總出來。

2.　是

計算每塊雞塊單價，

$60 \div 6 = 10$，$90 \div 9 = 10$，但$180 \div 20 = 9$

可以發現 20 塊雞塊組合比其他兩項划算。

3.　C

最便宜的點法，應該要多點 20 塊的組合。

因此用 $20 \times 3 + 6 \times 2 = 72$ 的點法，

價錢為：$180 \times 3 + 60 \times 2 = 660$

（註：如果點 8 盒 9 塊雞塊，花費的金錢是 $90 \times 8 = 720$，仍然較貴。）

4.　是

我們將這 6 個數字重新以除以 6 的餘數來分類：

餘 0：48、餘 1：49、餘 2：44、餘 3：45、餘 4：46、餘 5：47

任何超過 43 的數，也都會是其中一類。（例如 $155 \div 6 = 25 \dots 5$，和 47 同一類）

而我們就能以 44～49 的買法為基礎，來買超過 43 的塊數。

例如 155 塊雞塊和 47 同一類，只要先買好 47 塊，再 6 塊 6 塊一直買，就能買到 155 塊了。

其他分類的數字也一樣。

【完美數與親和數】

影音詳解：

1. C

$345 = 1 \times 345 = 3 \times 115 = 5 \times 69 = 15 \times 23$

故 345 的因數有 1、3、5、15、23、69、115、345

因此 17 不是 345 的因數。

2. D

13：

13 為質數，扣除自己以外的因數總和為 1，不是完美數。

60：

$60 = 1 \times 60 = 2 \times 30 = 3 \times 20 = 4 \times 15 = 5 \times 12 = 6 \times 10$

60 的因數有：1、2、3、4、5、6、10、12、15、20、30、60

$1 + 2 + 3 + 4 + 5 + 6 + 10 + 12 + 15 + 20 + 30 = 108$，不是 60

所以 60 不是完美數。

81：

$81 = 1 \times 81 = 3 \times 27 = 9 \times 9$

81 的因數有：1、3、9、27、81

$1 + 3 + 9 + 27 = 40$，不是 81，所以 81 不是完美數。

496：

$496 = 1 \times 496 = 2 \times 248 = 4 \times 124 = 8 \times 62 = 16 \times 31$

496 的因數有：1、2、4、8、16、31、62、124、248、496

$1 + 2 + 4 + 8 + 16 + 31 + 62 + 124 + 248 = 496$，故 496 是完美數。

3.　是

因為質數的因數只有 1 和自己，其因數總和不含自己，只能是 1

所以質數絕對不會是完美數。

4.　B

220 的因數：1、2、4、5、10、11、20、22、44、55、110、220

扣掉自己的其他因數總和 = 1 + 2 + 4 + 5 + 10 + 11 + 20 + 22 + 44 + 55 + 110 = 284

驗算：

284 的因數有：1、2、4、71、142、284

扣掉自己的其他因數總和 = 1 + 2 + 4 + 71 + 142 = 220

【孔子生日】

影音詳解：

1.　A

天干每 10 個一循環，地支每 12 個一循環。

$21 \div 10 = 2 \dots 1$，對應第 1 個天干「甲」。

$21 \div 12 = 1 \dots 9$，對應第 9 個地支「申」。

2.　C

因為地支比天干多 2 個，

所以每次天干跑 1 輪（+10），對應到的地支會往後退 2 個。

例如辛未 = 8，第 2 次遇到天干「辛」會在 $8 + 10 = 18$，是辛巳（把地支「未」退 2 個），

再來依序是辛卯 = 28、辛丑 = 38

3.　C

1 次天干地支的循環是取 12 和 10 的最小公倍數，即$[12, 10] = 60$

4.　D

庚戌 = 47，庚子 = 37，意思是 47 數到 60 數完 1 輪，再從頭數到 37，

一共過了 $60 - 47 + 37 = 50$ 天。

既然孔子生日是 9 月庚戌後的庚子，也就是國曆 8 月 20 日後的 50 天，

8 月有 31 天，9 月有 30 天，都不到 50 天，因此月份是 10 月。

而 10 月幾日，則可由要度過的天數－8 月剩下的天數－9 月的天數 $= 50 - 11 - 30 = 9$

得到孔子的生日為 10 月 9 日。

【13 月亮曆】

影音詳解：

1.　B

從圖中可以看到，紋章以每 20 個為一循環，

第一次的藍夜出現在第 3 個位置，因此第二次藍夜會出現在 $3 + 20 = 23$

另外可以發現，數字以每 13 個為一循環，

$23 \div 13 = 1 \dots 10$，由此可知，在第 23 個位置時，數字是 10

2.　B

$65 \div 13 = 5 \dots 0 \rightarrow$ 數字是 13

$65 \div 20 = 3 \dots 5 \rightarrow$ 紋章圖案是第五個圖案，紅蛇。

3.　B

由於 13 和 20 互質，故週期之最小公倍數 $[13, 20] = 13 \times 20 = 260$ 天。

4.　C

7/26～12/31 總共經過 $6 + 31 + 30 + 31 + 30 + 31 = 159$ 天，

1/1～3/9 總共經過 $31 + 28 + 9 = 68$ 天，

所以從 13 月亮曆的起算日，到崔老妮的生日共經過 $159 + 68 = 227$ 天。

$227 \div 13 = 17 \dots 6 \rightarrow 6$

$227 \div 20 = 11 \dots 7 \rightarrow$ 藍手

【Ct 值的奧秘】

影音詳解：

1. A

「複製次數」就是新聞裡常提到的「Ct 值」，因此答案為 11

2. C

最初有 5 段，複製 20 次的序列總段數為 5×2^{20}，我們可以進行估算：

$2^{10} = 1024$，因此$2^{20} = 1024 \times 1024$，約是 7 位數（即使再乘以 5 也是）。

因此總數約是百萬段。

3. D

甲的 Ct 值為 37，代表甲的最初病毒基因序列段數 $\times 2^{37}$ 可以被偵測到。

乙的 Ct 值為 30，代表乙的最初病毒基因序列段數 $\times 2^{30}$ 可以被偵測到。

題目說「被偵測到時，甲與乙的病毒基因序列總段數大約相同」，所以列出等式

最初段數（甲）$\times 2^{37}$ ＝ 最初段數（乙）$\times 2^{30}$

→ 最初段數（乙）÷ 最初段數（甲）＝ $2^{37} \div 2^{30} = 2^{(37-30)} = 2^7$，乙樣本是甲樣本的 2^7 倍。

4. 日本

由 Ct 值的公式：

最初段數（日本）$\times 2^{40}$ ＝ 最初段數（臺灣）$\times 2^{34}$

可知日本最初所需的基因序列段數比臺灣少，就能被偵測到，

代表日本的標準較嚴格。

5.

	甲	乙
日本	確診	確診
臺灣	沒確診	確診

日本的確診門檻是 40（以下），所以甲（37）和乙（30）在日本的檢測結果都為「確診」。

臺灣的確診門檻是 34（以下），所以甲（37）在臺灣的檢測為「沒確診」，但乙（30）為

「確診」。

單元三

【數學知識檢核】

- **代數式及其運算**

① C

因為 $\frac{1}{2}x$ 表示 $\frac{1}{2} \cdot x$，其中「·」是乘號的簡記，

故應選同樣表示「$\frac{1}{2}$ 乘以 x」的數，即 C 選項。

② (一) $(x-6) \times 7 = 7 \cdot x - 7 \times 6 = 7x - 42$

(二) $x \div \frac{5}{3} + x \times \left(-\frac{7}{15}\right) = x \cdot \frac{3}{5} - x \cdot \frac{7}{15} = \frac{3 \cdot 3x - 7x}{15} = \frac{2}{15}x$

(三) $\frac{5x+2}{10} - \frac{2-5x}{25} = \frac{5 \cdot (5x+2) - 2 \cdot (2-5x)}{50} = \frac{25x+10-4+10x}{50} = \frac{35x+6}{50}$

③ 30

因為 $9x - 6 = 9 \cdot x - 6$，所以將 $x = 4$ 代入，可得 $9 \times 4 - 6 = 30$

④ $2.6x$

因為任 2 瓶打 8 折，所以 3 瓶中有 2 瓶打 8 折、1 瓶原價
故要付的錢為 $2x \cdot 0.8 + x = 1.6x + x = 2.6x$

⑤ $4x + 2$

因為分給 x 人，每人分到 4 包，所以全部人共拿到 $4x$ 包餅乾。
又分給所有人後，還剩下 2 包，故這盒共有 $4x + 2$ 包餅乾。

- **一元一次方程式及其解**

① $6x - 11 = 59$

因為「x 的 6 倍」表示 $6 \cdot x = 6x$，「再減 11」表示 $6x - 11$
最後「等於 59」表示 $6x - 11 = 59$

② B

(A) $2 \times (-5) = -10 \neq 10$，故 $x = -5$ 不是此方程式的解

(B) $(-3) \times (-5) - 21 = 15 - 21 = -6$，故 $x = -5$ 是此方程式的解

(C) $4 \times (-5) + 8 = -20 + 8 = -12 \neq 20$，故 $x = -5$ 不是此方程式的解

(D) $(-5) \times (-5) + 17 = 25 + 17 = 42 \neq 40$，故 $x = -5$ 不是此方程式的解

③ 2

$11x + 35 = 57$

$11x + 35 - 35 = 57 - 35$（等量公理，等號左右皆減去 35）

$11x = 22$

$x = \frac{22}{11} = 2$（等量公理，等號左右皆除以 11）

④ 5

$8x - 17 = -2x + 33$

$8x + 2x = 33 + 17$（移項法則，-17 移至等號右側為 17，$-2x$ 移至等號左側為 $2x$）

$10x = 50$

$x = \frac{50}{10} = 5$（等量公理，等號左右皆除以 10）

⑤ $-\frac{20}{3}$

$5(x + 7) + 2x = -11 - (2x + 14)$

$5x + 35 + 2x = -11 - 2x - 14$

$7x + 2x = -35 - 25$

$9x = -60$

$x = -\frac{60}{9} = -\frac{20}{3}$

- **一元一次方程式的應用**

① 數學成績 80 分，英文成績 70 分

設數學成績 x 分

因為數學、英文成績合計為 150 分，可知英文成績為 $150 - x$ 分

依題意，可列出 $x = 2 \cdot (150 - x) - 60$

推得 $x = 300 - 2x - 60$，$3x = 240$，$x = 80$

故數學成績為 80 分，英文成績為 $150 - 80 = 70$ 分。

② 1 塊蛋糕 300 元，1 杯紅茶 60 元

設 1 塊蛋糕 x 元

因為 1 塊蛋糕跟 1 杯紅茶總共賣 360 元，可知 1 杯紅茶 $360 - x$ 元

依題意，可列出 $4x + 3 \cdot (360 - x) = 1380$

推得 $4x + 1080 - 3x = 1380$，$x = 300$

故 1 塊蛋糕為 300 元，1 杯紅茶為 $360 - 300 = 60$ 元。

③ $\frac{15}{4}$ 公里

設這段路徑 x 公里

依題意，可列出 $\frac{x}{25} + \frac{x}{15} = \frac{24}{60}$

推得 $\frac{x}{25} \times 60 + \frac{x}{15} \times 60 = 24$，$\frac{12}{5}x + 4x = 24$，$32x = 120$，$x = \frac{120}{32} = \frac{15}{4}$

故這段路徑有 $\frac{15}{4}$ 公里。

④ 14 個麵包，3 個紙盒

假設總共有 x 個紙盒

依題意，可列出 $4x + 2 = 6(x - 1) + 2$（用 2 種方式分裝的麵包總量應相等）

推得 $4x + 2 = 6x - 6 + 2$，$2x = 6$，$x = 3$

故總共有 3 個紙盒，有 $4 \times 3 + 2 = 14$ 個麵包。

⑤ 2000 元

設這箱水果定價為 x 元

依題意，可列出 $0.9x - 100 = 0.75x + 200$（同一箱水果的成本應相同）

推得 $0.15x = 300$，$x = 2000$

故此箱水果的定價為 2000 元。

【高矮胖瘦的建築物】

影音詳解：

1. D

一半就是 $\frac{1}{2}$，表示 50%

2. C

$40 \div 100 = 0.4 = 40\%$

3. A

$80 \times 35\% = 28$

4. B

可蓋的總面積和為 $80 \times 120\% = 96$ 坪，每層樓只能蓋 28 坪。

假設只能蓋 x 層樓，則 $28x = 96 \rightarrow x \doteqdot 3.43$

只能蓋 3 層樓。

5. D

假設每層樓的面積是 x 坪，

則 $6x = 96$（前一題可蓋的總面積）$\rightarrow x = 16$

一層樓為 16 坪。

6.

	容積率高	容積率低
建蔽率高	(1)胖高	(2)胖矮
建蔽率低	(3)瘦高	(4)瘦矮

建蔽率與建築物的「胖瘦」有關，建蔽率愈高，表示投影面積愈大，建築物就愈胖；相反地，建蔽率愈低，表示投影面積愈小，建築物就愈瘦。

容積率則與建築物的「高矮」有關，容積率愈高，表示樓層數愈多，建築物就愈高；相反地，容積率愈低，表示樓層數愈少，建築物就愈矮。

【無限巧克力】

影音詳解：

1. 例如：計算面積

2. C

梯形面積 $= \dfrac{(上底+下底)\times高}{2} = (3 \times 3 + 3 \times 4) \times 2 \times 4 \div 2 = 84$

3. C

將重組後的上底設為 $6 + x$ 公分，下底設為 $9 + x$ 公分。

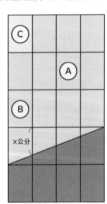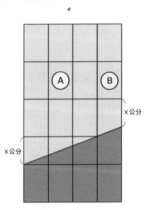

從前一題得出重組前的梯形面積為 84 平方公分，重組後的梯形面積會因為少了 C 部分而少了 $2 \times 3 = 6$ 平方公分，故重組後的梯形面積 $= 84 - 6 = 78$

梯形面積 $= \dfrac{(上底+下底)\times高}{2} = (6 + x + 9 + x) \times 8 \div 2 = 78$

$15 + 2x = 78 \times 2 \div 8 = 19.5$

$x = 2.25$，上底 $= 6 + x = 6 + 2.25 = 8.25$

故答案是 8.25

4. 否

重拼前切完一刀的梯形面積為 $\frac{(6+12)\times 8}{2} = 72$

如果切掉一塊是對的，那重拼後新梯形，

利用第 3 題的作法可算出面積會是 $\frac{(7.5+10.5)\times 8}{2} = 72$

兩者沒有相差一塊 6 平方公分的面積，所以小明的說法錯誤。

假設要剩下的巧克力塊長 x 公分（圖二的 C 部分），

$72 - 2x = \frac{(10.5-x+10.5)\times 8}{2}$

→ $x = 6$，為 2 塊的長度，故會剩下 2 塊。

【生命之翼路跑大賽】

影音詳解：

1. C

如表所示，可知 21：30~22：30 之間，<u>終結者號</u>的速度會維持在每小時 17 公里。

2. A

如表所示，19：30~20：30 之間，<u>終結者號</u>的速度會維持在每小時 15 公里，

因此 20：30 時，應已跑了 15 公里。

3. C

每公里 5 分鐘的速度，表示<u>小恩</u> 1 分鐘可跑 $\frac{1}{5}$ 公里，經過了 90 分鐘，

其應跑了 $\frac{1}{5} \times 90 = 18$ 公里。

4.　是，27 公里

◎解法一

承上題，假設小恩再跑 x 分鐘會被追上，

小恩 5 分鐘可跑 1 公里，則 1 分鐘可跑 $\frac{1}{5}$ 公里。

終結者號於 20：30 之後，以時速 16 公里前進，1 小時 16 公里，則 1 分鐘可跑 $\frac{16}{60}$ 公里，

如下圖：

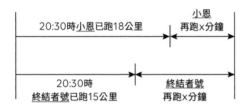

$$18 + \frac{1}{5}x = 15 + \frac{16}{60}x \rightarrow 3 = \frac{16}{60}x - \frac{1}{5}x \rightarrow 3 = \frac{4}{60}x \rightarrow \frac{60}{4} \times 3 = x \rightarrow x = 45$$

也就是說 20：30 之後再 45 分鐘，小恩才會被追上。

此時已跑了 $\frac{1}{5} \times 45 = 9$ 公里，總共跑了 27 公里，達成跑 20 公里以上的目標。

◎解法二

已知小恩在 20：30 時已跑 18 公里，終結者號只跑 15 公里，故終結者號與小恩差 3 公里。
小恩跑速為每公里 5 分鐘，故時速為 12 公里。
20：30 開始，終結者號會以時速 16 公里追趕小恩，假設跑 x 小時後會追上，可列式如下：
$$3 + 12x = 16x$$
$x = 0.75$，故在 0.75 小時後會追上，而終結者號尚未加速。
此時小恩已跑 $18 + 12 \times 0.75 = 27$ 公里。

【疫苗保護力】

影音詳解：

1. 否

95% 應為 0.95

2. B

$170 \div 20000 = 0.85\%$

3. D

疫苗組染病率為 $9 \div 20000 = 0.045\%$；承上題，安慰組染病率為 0.85%

代入疫苗保護力公式：$(0.85\% - 0.045\%) \div 0.85\% \fallingdotseq 95\%$

4. A

$保護力 = \dfrac{(安慰劑組感染率 - 疫苗組感染率)}{安慰劑組的感染率}$

$95\% = \dfrac{(0.85\% - 疫苗組感染率)}{0.85\%} = 1 - \dfrac{疫苗組感染率}{0.85\%}$ ，

所以 $\dfrac{疫苗組感染率}{0.85\%} = 1 - 95\% = 5\%$

疫苗組感染率 $= 0.85\% \times 5\% = 0.0425\%$

假設感染 x 人，則 $x \div 36000 = 0.0425\% \rightarrow x = 15.3$

延伸補充題：上升

從保護力的式子來看，

$\dfrac{(安慰劑組感染率 - 疫苗組感染率)}{安慰劑組的感染率} = 1 - \dfrac{疫苗組感染率}{安慰組的感染率}$

若疫苗組的狀況持平，而安慰劑組的感染率上升，則 $\dfrac{疫苗組感染率}{安慰組的感染率}$ 會變小，

因此最後算出的保護力會上升。